Mosaik

CLAUDIA GRAF

Reisen zu den Kraftorten

Individiuell für jedes Sternzeichen.
Mit Empfehlungen
für Urlaubsreisen rund um den Globus
und Tips
für Gesundheit und Karriere

Mosaik Verlag

Reisen ins ferne Ich 6

FEUERZEICHEN
Reiseziele für den Widder:
Heiß, herausfordernd
und einmalig 22
Die Liparischen Inseln * Andalusien *
Das Tote Meer * Die Kanarischen Inseln *
Hawaii * Der Südwesten der USA

Reiseziele für den Löwen:
Sonnig, herrschaftlich
und pulsierend 30
Lissabon * Fès und Marrakesch *
Rajasthan * Luxor

Reiseziele für den Schützen:
Grandios, gigantisch
und ein bißchen ausgefallen............38
St. Kitts * Die Schluchten des Yangzi *
Peking und Xian * Der Shongololo *
Die Halbinsel Monterey

ERDZEICHEN
Reiseziele für den Stier:
Saftig, grün und sinnlich 48
Wales * Die Provence *
Salzburg und das Salzburger Land *
Der Bodensee * Florenz

Reiseziele für die Jungfrau:
Lieblich, mild und fruchtbar 56
Flandern * Das Loire-Tal *
Die Emìlia-Romagna * Das Münsterland *
Bali

Reiseziele für den Steinbock:
Herb, kühn und gerne
auch gediegen elegant 64
La Paz und der Titicacasee * Korsika *
Die Bretagne * Madrid

LUFTZEICHEN
Reiseziele für den Zwilling:
Städtisch, aufregend
und voller Leben 74
Los Angeles ✳ Singapur ✳ Per Luxuszug
nach Bangkok ✳ Bangkok ✳ Palma de
Mallorca

Reiseziele für die Waage:
Musisch, ästhetisch und farbenfroh .. 82
Die Côte d'Azur ✳ Die Gärten Englands ✳
Die Toskana ✳ Neu-England ✳ Frauen-
chiemsee

Reiseziele für den Wassermann:
Bizarr, vom Wind gepeitscht
und außergewöhnlich 90
Der Norden Irlands ✳ Baja California ✳
Island ✳ Die Algarve

WASSERZEICHEN
Reiseziele für den Krebs:
Verträumt, romantisch
und unwirklich schön................. 100
Belize ✳ Die Halbinsel Yucatán ✳ Florida ✳
Die Großen Seen ✳ Die Mecklenburger Seen
✳ Die Sächsische Schweiz

Reiseziele für den Skorpion:
Geheimnisvoll,
sumpfig und unberührt 108
Gambia ✳ Auvergne und Dordogne ✳
Neuseeland ✳ New Orleans ✳
Die Schwäbische Alb

Reiseziele für den Fisch:
Paradiesisch, sanft
und von Wasser umgeben 116
Schweden ✳ Togo ✳ Mauritius ✳ Agra ✳
Kreta

Was uns der Jupiter verrät............ 124
Register 126

Reisen ins ferne Ich

Einmal, bei manchen sogar zweimal oder dreimal im Jahr ist es so weit: Dann werden die Koffer gepackt, der Staub von der Alltagsseele geschüttelt – und ab geht's in die wohlverdienten Ferien. Wobei natürlich jeder eine andere Vorstellung von Urlaub hat. Den einen lockt die Einsamkeit der Natur, den anderen der Trubel am Strand, den Dritten reizen historische Stätten. Doch allen Reisenden ist ein Wunsch gemeinsam: In den Ferientagen will man sich erholen, sich entspannen, mal etwas ganz anderes sehen oder hören als das, was man von zu Hause kennt. Allerdings ist es gar nicht so leicht, immer das richtige Reiseziel für sich zu finden. Schließlich weiß jeder: Nichts ist schlimmer als ein verpatzter Urlaub. Der falsche Ort, das falsche Klima, das falsche Ambiente. Wie umgeht man solch eine »Bruchlandung«? Hier kann die Astrologie Ratgeber sein: Günstige Ziele sind erfahrungsgemäß Gegenden, Landschaften und Städte, die zum eigenen Temperament passen. Darum vor allem geht es in diesem Buch. Aber auch um Orte, an denen eine starke positive und allgemein als heilend bezeichnete Energie

herrscht. Das können alte Kultplätze, Kirchen, Klöster, Felsformationen, magische Steinkreise oder geheimnisvolle Katakomben sein, die sich eventuell in der Umgebung des Reiseziels befinden. Orte, an denen man noch zusätzlich neue Kraft und neue Energie tanken kann.

Der »Genius loci«

Die meisten Kultplätze entstanden an Orten, die Stein, Baum und Wasser vereinigten und deshalb ein Abbild dessen sind, woraus die Welt besteht. Der Stein als Symbol der festen Materie, der Ewigkeit und der Unzerstörbarkeit, der Baum für das Leben und das Wasser für die Fruchtbarkeit und die Reinigung. Doch die Dreiergemeinschaft Stein, Baum und Wasser bewog unsere Vorfahren wohl nicht allein, einen Ort als heilig zu verehren. Es mußte noch etwas anderes vorhanden sein. Etwas, das man den »Geist eines Ortes«, den Genius loci nennt. Etwas, das zu dem Besucher spricht, ihn bewegt, erlöst, befreit, kräftigt, ihn reinigt und erhebt. Tausende und abertausende Kultplätze und Kraftorte besitzen dieses mysteriöse Etwas. Naturwissenschaftliche Untersuchungen an Wasserfällen, auf Bergen, in dichten Wäldern – in Gegenden also, wo sich Kultplätze häufen – ergaben eine hohe Konzentration von negativ geladenen Ionen in der Luft. Diese gelten in der Medizin als wohltuend, während positiv geladene (zum Beispiel bei Wetterlagen wie Föhn) als unangenehm empfunden werden und sogar körperliche Beschwerden wie etwa Kopfschmerzen auslösen können. Doch sind es nicht nur die negativ geladenen und mit der Luft eigeatmeten Ionen, die plötzliches Wohlbefinden auslösen und durch die Stimulation der roten Blutkörperchen sogar Heilung bringen können. Offenbar reagieren wir Menschen auch auf magnetische und auf natürliche radioaktive Strahlen oder deren Schwankungen, die an vielen Kraftorten je nach vorhandenem Gestein (Granit, Basalt etc.) entweder sehr viel stärker oder sehr viel schwächer sind als in der jeweiligen Umgebung. So soll zum Beispiel die Zirbeldrüse unter dem Einfluß eines schwachen Magnetfeldes ihre Hormonproduktion verändern – und einige dieser Hormone wirken gar wie psychedelische Substanzen. Der erhöhten Radioaktivität, die man vor allem an den Steinen uralter Steinkreise messen kann, sagt man eine bewußtseinsverändernde Wirkung nach. Die Erklärung für Visionen, Eingebungen und Flugempfindungen, die viele Menschen an den heiligen Orten überfallen? Neue chemische Untersuchungen schließlich weisen an einer ganzen Reihe von vorgeschichtlich verehrten heilenden Quellen einen erhöhten Bor- und Schwefelgehalt nach. Stoffe, deren Heilwirkungen heute (wieder) bekannt sind.

Neben all diesen meßbaren Besonderheiten und ihren erklärbaren natürlichen Ursachen bleibt aber dennoch ein Stück Rätsel und Mystik zurück.

Das Geheimnis um Chartres

Als Teenager besuchte ich im Rahmen einer Ferienreise mit Freunden die Kathedrale von Chartres in Frankreich. Wir waren eine fröhliche Truppe, doch als wir das Gotteshaus betraten, verstummten wir mehr und mehr. Weniger aus Andacht, sondern weil uns plötzlich eine seltsame Stimmung überfiel. Damals wußte ich noch nichts von der möglichen Ausstrahlung gewisser Orte. Chartres war einfach nur als ein weiterer Ausflugspunkt gedacht. Um so erstaunter war ich, als plötzlich ein leises Kribbeln durch meinen Körper kroch, gleichzeitig fühlte ich aber eine unglaubliche Ruhe in mir. Eine Stunde lang hielten wir uns in der Kathedrale auf, ließen die Außenwelt im wahrsten Sinne des Wortes hinter uns. Als ich das Gotteshaus verließ, fühlte ich mich erfrischt, gekräftigt und entspannt.

*Gilt als einer
der stärksten
Kraftorte der
Welt: die
Kathedrale
Notre-Dame,
die sich über
die Dächer der
Altstadt von
Chartres erhebt*

Chartres gehört mit zu den sogenannten starken Kraftorten dieser Erde.
Die Kathedrale ist ein geomantisches
Meisterwerk, das vielfach untersucht
wurde, aber nur teilweise enträtselt
ist. Bewunderung gebührt ihren Baumeistern, die fähig waren, die heilende und somit heilige Qualität des
Ortes zu erfühlen, auf dem die Kirche
steht. Faszinierend ist alleine die Tatsache, daß der Bau exakt nach der
Nordost-Orientierung eines unterirdischen Wasserlaufs ausgerichtet ist. Zusätzlich zu diesem finden sich noch
viele weitere Kanäle, die sich allesamt

in der Mitte (!) unter dem Chor verei-
nigen und die Erde darüber kraftvoll
aufladen. Die Baumeister mußten
auch davon gewußt haben, denn die
Entfernung vom Boden zum höchsten
Punkt des Gewölbes sowie hinunter
zum unterirdischen Wasserlauf ist
exakt gleich, nämlich 37 Meter. Eine
weitere Kraftquelle unter dem Chor ist
ein der Sonne geweihtes Dolmen, ein
Hünengrab also, das vor etwa 4000
Jahren von keltischen Druiden, Stam-
mespriestern, angelegt worden ist. So
muß also schon vor Jahrtausenden die
Kraft des Ortes erkannt und spürbar

geworden sein, die von den christlichen Baumeistern in den Jahren 1134 bis 1220 wiederentdeckt und in Stein gefangen wurde. Wie stark sie ist, kann heutzutage mit empfindlichen Meßgeräten (wie dem Biometer) nachgewiesen werden. Im vorderen Teil der Kathedrale befindet sich ein aus Steinplatten gelegtes »Labyrinth«, das symbolisch sein soll für die Reise ins Heilige Land. Sind in der Umgebung durchschnittlich 6500 »Energieeinheiten« meßbar, trifft man schon am Beginn des Labyrinths auf 8000 harmonisierende Einheiten, später wird man auf 13500 Einheiten angehoben, was etwa dem Niveau des ätherischen Körpers (feinstofflicher Körper, der die emotionelle Energie eines Menschen repräsentiert) entspricht. Doch so leicht erreicht man das Ziel mit seinen beflügelnden 18000 Energieeinheiten nicht, denn kurz davor fällt das Energieniveau noch einmal rapide auf 2000 Einheiten ab. Wie kommt das zustande? Ein Rätsel, das zwar meßbar, aber nicht erklärbar ist.

Die Powerorte der Sterne

Doch nicht nur die »unsichtbare Landschaft« mit ihren Strahlungen ist ausschlaggebend dafür, ob sich ein Mensch dort wohl, geborgen, erfrischt und von ihr gestärkt fühlt. Kraft- und Powerort kann aus astrologischer Sicht auch eine Stadt oder – noch häufiger – ein ganzes Gebiet sein. Nämlich eines, das dem eigenen Temperament gleicht. Denn getreu dem Motto »Wie innen, so außen« fühlt sich ein Mensch dort am wohlsten, wo die ihn umgebende Landschaft und seine Seele im Einklang schwingen.

Wie ich durch viele, viele Gespräche und Horoskopanalysen immer wieder erfahren habe, tendieren die Tierkreiszeichen intuitiv zu den Landschaftsformen und Klimazonen, zu der Vegetation und den geologischen Gegebenheiten, die der eigenen Tierkreissymbolik entsprechen. Sicherlich kennen Sie auch jemanden (wenn Sie nicht sogar selbst dazu gehören), der sich dort, wo er geboren wurde oder lebt, irgendwie nicht richtig wohl, zufrieden und glücklich fühlt. Vergleichen Sie dann doch einmal die Charaktereigenschaften seines Tierkreiszeichens (zum Beispiel feurig, leidenschaftlich, sinnlich) mit den Charakteristika seines »Traumlandes«. Eine Freundin, geboren im Feuerzeichen Widder, lebt und arbeitet in Hamburg. Sie weiß die Vorzüge und das Leben der Großstadt zu schätzen, aber glücklich ist sie in der kühlen, regnerischen, windgepeitschten Ebene nicht. Ihre Sehnsucht (oder besser: ihre Seele) zieht sie immer wieder in feurig-heiße, herausfordernde Gegenden, nach Ägypten etwa oder ans Tote Meer, das inmitten der heißen und trockenen Wüste Negev liegt und von den Judäischen Bergen und dem Maob-Gebirge umgeben ist. Dort, so sagt sie, kann sie aufatmen, fühlt sie sich mit der Erde verbunden, schöpft sie neue Kraft für den Alltag. Sie hat ihren Kraftort, ihre (Widder-)Seelenlandschaft gefunden.

Folgen Sie Ihrem »inneren Kompaß«!

Leider lassen wir uns viel zu oft von tollen Reiseangeboten verleiten oder folgen den Ratschlägen von Bekannten, anstatt auf unsere innere Stimme zu hören. Viele haben auch verlernt, nach innen zu lauschen und den »Bauch« zu fragen, wohin die Reise gehen soll. So erleben viele zwar einen recht netten oder aufregenden Urlaub, aber erholt, entspannt und mit neuer Energie geladen kehren sie nicht zurück. Doch wo liegt für jeden einzelnen das Glück? Wo kann er sich im Urlaub wirklich erholen? Welche Gegend, welches Gebiet läßt seiner Seele Flügel wachsen? Und wo kann er sich wirklich als Teil des Ganzen fühlen?

Zunächst einmal müssen wir zwischen den vier Elementen Feuer, Erde, Luft und Wasser unterscheiden. Sie sind sozusagen die übergeordneten Wegweiser auf der Reise zum »Ziel der Träume«:

DAS ELEMENT FEUER sucht die flirrende Hitze, das helle, klare, ungefilterte Licht – es will sich messen an der Größe der Natur.

DAS ELEMENT ERDE sucht die Fruchtbarkeit, die Ordnung, den sinnlichen Genuß und ein warmes, gemäßigtes Klima.

DAS ELEMENT LUFT braucht die ständige Bewegung, wechselndes Licht und wechselndes Klima, eine andauernde geistige Anregung und den Wind.

DAS ELEMENT WASSER braucht Romantik, Geheimnisse, oft diffuses Licht, Gewässer und Geräusche als stimulierende »Hintergrundmusik«.

FEUERZEICHEN sind der Widder, der Löwe und der Schütze. In der Trilogie der Feuerzeichen ist der Widder das »erste« Feuer, der Lebensfunke, der im Frühjahr das tote Land zu neuem Leben erweckt. In seinem Feuer, das sich immer wieder neu entzündet, liegt die Hoffnung auf neues Sein. Der Widder ist kühn, ehrgeizig, fordernd und mutig. Er stellt sich den Dingen und bietet ihnen die Stirn. Die Land-

*Die Feuer-
zeichen stellen
sich den Din-
gen. Sie sind
kühn, ehrgeizig
und mutig. Ihr
Motto: Mit dem
Kopf durch die
Wand. Die
Landschafts-
form, die ihrem
Temperament
entspricht, ist
heiß, trocken
und vulka-
nisch. In sol-
chen Gegenden
können sie ihre
eigenen Gren-
zen suchen.
Hier denke ich
zum Beispiel
an die Vulkane
Hawaiis*

schaftsform, die seinem Zeichen entspricht, ist heiß, trocken, verbrannt,
vulkanisch und dürr wie zum Beispiel
die Kanarischen Inseln oder das Monument Valley in Utah (USA). Der
Löwe gilt als der Gentleman unter den
Feuerzeichen. In ihm züngelt die
Flamme des hochentwickelten Egos,
der starken, dynamischen Kraft. Er beherrscht gerne, liebt alles Schöne und
den Prunk und brennt darauf, zu
leben und zu genießen. Auch der
Löwe braucht eine dauerbesonnte,
heiße und trocken-wüste Landschaft.
Kraft schöpft er dort allerdings aus
prächtigen Orten wie zum Beispiel
Luxor oder Marrakesch. Der Schütze
schließt die Feuertrilogie. Mit seiner
leidenschaftlichen Begeisterung verwandelt er seine Gefühle gerne in
Taten. Er ist tief beeindruckbar, liebt
die Unabhängigkeit und die Weite und
versucht, über sich hinauszuwachsen.
Landschaften, die zu ihm passen und
ihn erheben, sind alles umfassend,
gigantisch und überdimensioniert wie

zum Beispiel der Grand Canyon oder die Gegend mit und um den Ayers Rock.

ERDZEICHEN sind der Stier, die Jungfrau und der Steinbock. Die Erdtrilogie eröffnet der Stier mit seinem ungeheuren Lebenstrieb. Jetzt wächst und gedeiht es in der Natur. So kann man den Stier mit der Urkraft vergleichen, die aus der Tiefe der Erde kommt. Er ist geduldig, entschlossen und im Leben verwurzelt. Ihm entsprechen hügelige Kulturlandschaften mit saftigem, grünem und fruchtbarem Boden, mit Weiden voller Rindern und kleineren Seen wie zum Beispiel das Salz-

burger Land oder die Provence. Dem Stier folgt als nächstes Erdzeichen die Jungfrau, die die Früchte seiner Arbeit erntet. Die Jungfrau unterdrückt ihre Gefühle und handelt lieber. Sie ist sich der Werte bewußt, hat Organisationstalent und Methodik. Dementsprechend fühlt sich ein Mensch, der im Zeichen der Jungfrau geboren wird, eher zu Nutzlandschaften hingezogen, in denen gepflanzt und geerntet wird, in denen Getreide wogt oder sich viele Kleingärten aneinanderreihen. Beispiele wären hier Flandern oder die Reisterrassen auf Bali. Das letzte Erdzeichen ist der Steinbock. Er nimmt das Saatkorn in seiner kühlen Erde

Wer in einem Erdzeichen geboren wurde, fühlt sich besonders zu Nutzlandschaften hingezogen. In seinem Paradies wird gepflanzt und geerntet, da wogt das Getreide, reihen sich Kleingärten aneinander oder locken die grünen Reisterrassen wie hier auf Bali

auf, bewahrt es und schützt es über den Winter hinweg. »Reden ist Silber, Schweigen ist Gold« könnte sein heimliches Motto sein. Der Steinbock ist kühl, eher introvertiert, melancholisch, ernst und prinzipientreu. Ihm entsprechen Hochgebirgs-, Gebirgs- und Karstlandschaften, einsame Fjorde, steinige, kühle Landschaften, Nadelwälder, Gletscher und vegetationsarme Gegenden, wie wir sie beispielsweise in den Anden finden.

LUFTZEICHEN sind die nächste Gruppe. Erstes Luftzeichen sind die Zwillinge, die voller Pläne stecken, die mobil,

dynamisch und ständig in Bewegung sind. Zwillinge bleiben ein Leben lang geistig jung, weil sie jede Anregung aufgreifen und sich keiner Neuerung verschließen. Sie sind neugierig, aber selten konstant. So entsprechen dem Zwillinge-Temperament die Straßenlandschaften der großen Städte, zersiedelte Gebiete, kreativ gestaltete Landschaften und Menschenmengen, in die man eintauchen kann. Beste Beispiele: Los Angeles oder Palma de Mallorca. Den Zwillingen folgt als nächstes Luftzeichen die gefühlvolle Waage. Sie gilt als sanft, schöpferisch, ausgleichend und sehr musisch. Die

Romantische Ziergärten, Parklandschaften, gepflegte Obstplantagen – hier fühlt sich ein Luftzeichen rundum wohl. Ästhetik ist Voraussetzung für Erholung und Entspannung. Sicherlich ein Traumziel: die Toskana

Waage legt Wert auf innere Werte und ist sehr sensibel. Die typischen Waage-Landschaftsformen: romantische Ziergärten, Parklandschaften, kulturdenkmalreiche Gegenden, ästhetische Anlagen. Hier denke ich spontan an die Toskana oder an die britische Grafschaft Kent. Den Luftkreis schließt der Wassermann. Er hat die Neigung, die Dinge intuitiv zu erfassen; er gilt als bizarr, ist idealistisch und als Pionier bekannt. Wassermänner sprechen oft Dinge aus, die noch nicht einmal erdacht sind. Sie gefallen sich in der Rolle derer, die mit den allgemein herrschenden Vorstellungen und Prinzipien brechen. So mag der Wassermann Gegenden, die nicht den herkömmlichen Reisezielen entsprechen: Bizarr sollen sie sein, vom Wind gebeutelt, eher gebirgig, Geysire dürfen brodeln. Beispielhaft sind hierfür Island oder der Giant's Causeway in Irland.

Stille Seen, sanftes Geplätscher, kleine Holzhäuser und Urwüchsigkeit sind die Merkmale der Kraftgegenden für Wasserzeichen. Wer noch nicht dort war, sollte sich Schweden als nächstes Reiseziel vormerken

WASSERZEICHEN sind der Krebs, der Skorpion und die Fische. Der Krebs eröffnet die Trilogie. Er ist die Quelle, die sprudelnd der Erde entspringt und das umliegende Land benetzt und fruchtbar macht. Krebse wirken oft unschuldig und rein, sie sind gefühlvoll, verletzlich und bewahren sich eine gewisse kindliche Verspieltheit. Das Krebszeichen ist das mütterlichste Zeichen, so daß es in der Landschaft nach üppigen, fruchtbaren Gegenden sucht. Diese findet es in Regenwaldgebieten, in vegetationsreichen Küstenlandschaften und in lieblichen Seengebieten. Hierzu fallen einem spontan Belize ein oder das Amazonasgebiet. Der lebenspendenden und reinigenden Quelle des Krebses folgt das »feste« Wasser des Skorpions. Hier brodelt und gärt es, hier ist es unergründlich und tief. Der Skorpion sehnt sich nach einem Ideal und lehnt jedes Mittelmaß ab. Alles oder nichts! Ein Motto, das auf keinen so wie auf den Skorpion zutrifft. Er scheut das helle, klare Licht, sucht den geheimnisvollen, diffusen Schein des Unerklärlichen, dem er auf die Spur kommen möchte. Landschaftformen, die dem Skorpion-Typus entsprechen, sind sumpfige, moorige Gebiete, vulkanische Gegenden mit heißen Quellen, Kraterseen und Dschungel. Hier könnte man ein Land des »Schwarzen Kontinents« anführen, etwa Gambia, oder das Mississippi-Delta mit New Orleans. Das Zeichen Fische schließt die Wasser-Trilogie und gleichzeitig den Tierkreis. Er ist der Ozean, in dem sich alle Wasser vereinen, er ist unendlich, und in seiner Ferne verschmelzen der Himmel und das Wasser. Der Fisch schwimmt überall hin, er ist nirgendwo auf der Erde wirklich zu Hause. Seine Empfindungen entsprechen Ebbe und Flut, was ihn tolerant und biegsam macht. Er ist sanft, sensibel, aber schwer zu greifen. Wie Wasser rinnt er einem manchmal durch die Finger. Wohl und geborgen fühlt er sich auf Inselgruppen ohne große Erhebungen, in unbesiedelten, eher einsamen Gegenden, die den Gedanken viel Raum lassen, er taucht ein in Unterwasserlandschaften oder zieht sich in die Unendlichkeit wüstenartiger Gebiete zurück. Hier fallen Ihnen sicherlich spontan Länder wie Schweden ein oder Inseln wie zum Beispiel Mauritius.

Vom richtigen Kraftschöpfen

Natürlich ist es keinem zu verdenken, wenn er nach vielen Wochen Arbeit in seinem wohlverdienten Urlaub mal so richtig auf den Putz haut, die Nacht zum Tage macht und sich völlig verausgabt. Doch kommt solch ein Reisender wirklich gestärkt zurück?

Wahrscheinlich nicht. Eher hört man dann den Satz: »Jetzt muß ich mich erst einmal von meinem Urlaub erholen!« Wer seine Ferientage dagegen sinnvoll, anregend und im wahrsten Sinne des Wortes erholsam gestalten will, der sollte das gesunde Mittelmaß suchen. Vor allem aber sollte er immer wieder versuchen, mit der Landschaft zu kommunizieren, die ihm ja seine eigene Seele wie einen Spiegel vorhält und es ihm erleichtert, ein Zwiegespräch zu halten. Landschaft und Mensch sind miteinander verwandt und verbunden, weshalb der Geist der Landschaft mit dem Geist des Menschen kommunizieren kann. Lassen Sie Bäume, Berge, Steine, Seen, Hügel, Wälder, Flüsse, Küsten, Riffe, Wiesen, Weiden, Gärten, Häuser, Denkmäler zu sich sprechen. Vertiefen Sie sich in deren Anblick, und versuchen Sie, eine spirituelle Verbindung entstehen zu lassen.

Eine einfache, aber äußerst wirkungsvolle Methode, mit einem Reiseziel (oder aber einem neuen Wohnort) »Kontakt aufzunehmen« (andere nennen es, sich zu akklimatisieren), ist meiner Ansicht nach das »Erden«: Suchen Sie sich, sobald Sie sich von den Reiseanstrengungen erholt haben, einen ruhigen Platz, der Ihnen gefällt. Setzen Sie sich dort auf den Boden, und schließen Sie die Augen. Konzen-trieren Sie sich auf Ihren Rücken, dann auf Ihre Wirbelsäule. Versuchen Sie, diese gedanklich zu verlängern und in die Erde eintauchen zu lassen. Richten Sie Ihre Gedanken dann an die Landschaft, und begrüßen Sie sie mit Worten (oder Gedanken) wie zum Beispiel: »Ich freue mich, hier zu sein. Ich begrüße dich. Ich will dein Freund sein. Mein Geist ist eins mit deinem. Ich will dich entdecken und mich selbst in dir finden. Ich danke dir für die Kraft, die du mir spendest.«

Die Geheimnisse der Landschaft

Astrologisch betrachtet übt jede Landschaftsform einen bestimmten Reiz auf die Menschen aus, die dort leben. Sie beeinflußt über Generationen hinweg die Kultur, die Lebenseinstellung, das Sein, vor allem aber wohl die Spiritualität. Ideal ist, wenn der Reiz der Landschaft dem eigenen Lebensfunken entspricht (feurig oder romantisch, geordnet oder in ständiger Bewegung). Doch lassen Sie nicht nur diesen Reiz alleine auf sich wirken. Es gibt wohl kaum ein Land auf dieser Erde, kaum eine Region (außer den großen Wüstengebieten), in der die Menschen nicht auch Kraftorte entdeckt haben. Viele werden in Reiseprospekten beschrieben und via Ausflüge angesteuert. Nehmen Sie solche Angebote wahr, gehen Sie in Ihrem Feriengebiet aber auch auf eigene Faust auf Entdeckungsreise. Besuchen Sie die Kirchen, vor allem aber die Heiligtümer der Einheimischen. Erkundigen Sie sich vor Ort nach Relikten wie Tempeln, Steinkreisen, Höhlen und ähnlichem. Hilfreich beim Aufspüren vergessener oder unerkannter Kraftorte sind topographische Wanderkarten (Maßstab 1:25 000). Darauf sind in der Regel alle alten Ruinen, Tempel, Kapellen, »Wundersteine«, Steinkreise, Menhire usw. eingetragen. Unternehmen Sie Ausflüge dorthin (teilweise wird ein ortskundiger Führer nötig sein), und gönnen Sie sich am jeweiligen Ziel einen längeren Aufenthalt, in dem der Geist des Ortes auf Sie wirken kann. Interessant und aufschlußreich ist auch immer, sich von den Einheimischen Sagen oder Legenden erzählen zu lassen. Kommen darin Drachen, Feen, Zwerge oder Kobolde vor, ist das fast immer ein Hinweis auf eine starke Erd(strahlungs)-Energie. »Schätze« in Seen, Flüssen oder Höhlen stehen ebenfalls oft symbolisch für starke Naturkräfte. Befinden Sie sich dann an solch einer Ortsbeschreibung, achten Sie auf ungewöhnliche Veränderungen an den Bodenpflanzen oder an nahen Bäumen. Äste, die zusammenwachsen, deuten auf verschiedene Energien hin, die sich hier vereinen. Bäume, die auffallend in eine Richtung wachsen, wollen sich vermutlich einer günstigen Energiequelle nähern und daran teilhaben.

Offen sein für neue Erfahrungen

Wichtig bei der Suche und beim Entdecken Ihres persönlichen Kraftortes in der Nähe Ihres Reiseziels oder Wohnortes ist aber vor allem, daß Sie offen sind für neue Erfahrungen. Hören Sie auf Ihren Körper, achten Sie auf Ihre Empfindungen. Nehmen Sie die Schwingungen wahr? Beruhigt sich der Geist? Entspannen Sie sich? Spüren Sie ein leichtes Kribbeln? Wer gesundheitlich neue Kraft sucht, der sollte sich an Ameisen oder Bienen orientieren. Sie leben dort, wo heilende Energie vorhanden ist. Doch Achtung: Verweilen Sie nicht länger als eine halbe Stunde an dem Platz, sonst kehrt sich die Heilwirkung um.

Die Wahl des Ziels

Der Lebensfunke der meisten Menschen ist das Tierkreiszeichen, in dem sie geboren wurden. Wer sich mit den erklärten Eigenschaften »seines« Zeichens identifizieren kann, sollte sich an Orte begeben, die diesen entsprechen. Nun gibt es aber auch Menschen, die eher ihr Aszendentenzeichen leben, jenes Zeichen, das zum Zeitpunkt der Geburt am östlichen Himmel aufstieg. Lesen Sie dann diese Beschreibung durch, und entscheiden Sie, ob diese eher auf Ihren »Funken« zutrifft. Falls ja, dann sind Reisen in die entsprechenden Regionen sinn-

voll. Wer seinen Aszendenten nicht kennt, der kann ihn sich von jedem Astrologen berechnen lassen.

Reise in die Schattenwelt

Etwas Mut gehört dazu, in seine Schattenwelt zu reisen. Was ist damit gemeint? Jedem Zeichen steht im Tierkreis ein anderes genau gegenüber

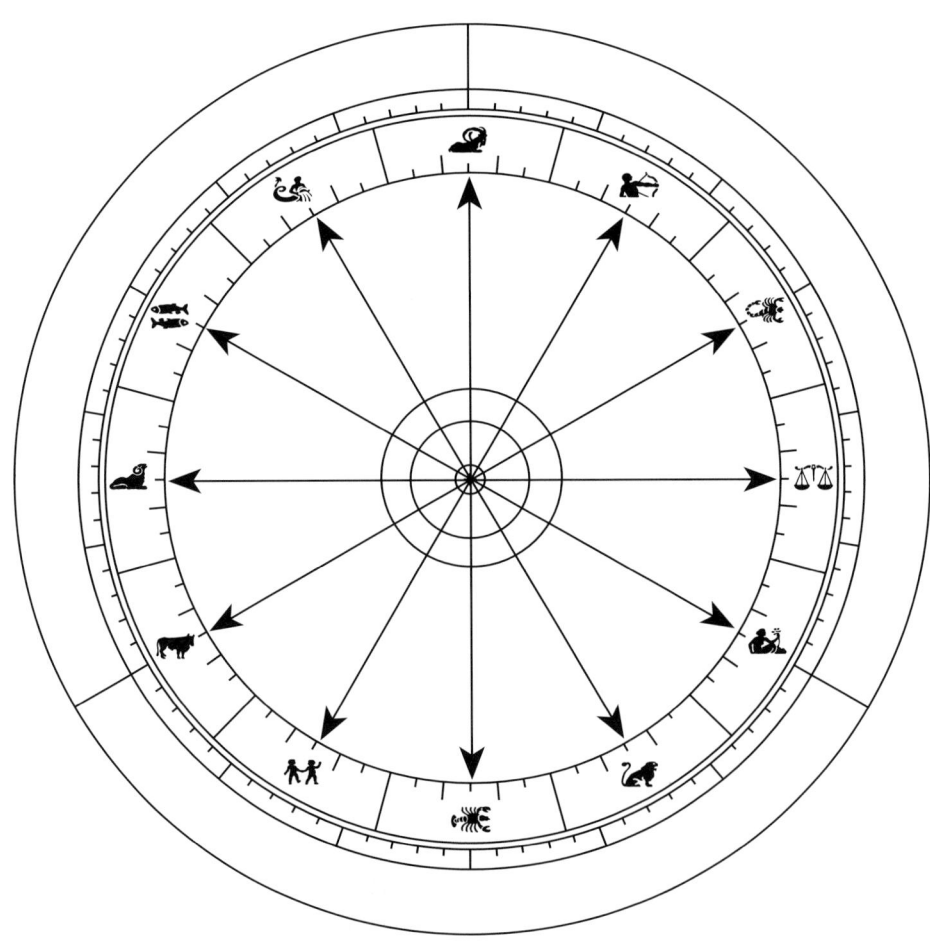

– dem Widder die Waage, dem Stier der Skorpion usw. (siehe Abbildung links). Dieses kann ein eventuelles Defizit ausdrücken. So fehlt einem allzu ehrgeizigen, emporstrebenden, willensstarken und ungeduldigen Widder vielleicht die Harmonie, die Milde und die Güte der sensiblen Waage. Ein (kürzerer) Aufenthalt in einer Waage-Gegend kann heilend auf den Geist und auf die Seele wirken, kann das Defizit aufzufüllen helfen und ihn zu einem neuen Gefühl der Ganzheit führen. Umgekehrt kann eine allzu milde und gütige, dienende und unterwürfige Waage in einer feurigen und herausfordernden Widder-Gegend lernen, sich durchzusetzen, den Kampf gegen die Gewalten aufzunehmen, dem Leben die Stirn zu bieten und auch mal an sich selbst zu denken.

Der Planet Jupiter

Nun werden bestimmt viele Leser fragen, wo sie sich denn auf Dauer beruflich bzw. persönlich besser verwirklichen können. Hierzu sollte man nach meiner Erfahrung, wenn man die persönlichen Daten nicht zur Verfügung hat, um eine genaue astrogeographische Berechnung anzustellen, auf das Zeichen achten, in dem der Planet Jupiter am Tag der Geburt stand. Er kann ein Hinweis darauf sein, wo man

sein Glück und eventuell auch seine Berufung findet. In jedem Tierkreis-Abschnitt finden Sie die »Glücksorte«, nämlich die Städte, die dem jeweiligen Jupiterzeichen entsprechen oder ihm durch gleiches MC (Medium Coeli – Beginn des Berufshauses) oder gleichen Aszendenten nahe kommen. Auf den Seiten 124/125 finden Sie eine Tabelle, mit Hilfe derer Sie feststellen können, wo sich »Ihr« Jupiter am Tag Ihrer Geburt befand. Außerdem beschreibe ich für jedes Sternzeichen einen speziellen Kraftort, der meiner Ansicht nach durch seine Lage oder Wirkung besonders gut zu dem jeweiligen Zeichen paßt.

Reisen Sie mit den Sternen!

Nach soviel Theorie nun zur Praxis. Auf den folgenden Seiten stelle ich Ihnen eine Auswahl der Reiseziele vor, die meiner Meinung nach in ihrer Landschaftsform und den dortigen Möglichkeiten dem Naturell Ihres Zeichens entsprechen. Sie sollen eine Anregung sein und Sie vielleicht auf viele weitere Reiseziele aufmerksam machen. Ihr Reiseberater ist Ihnen sicherlich behilflich, Ziele zu finden, deren Landschaft, Flora und Fauna den vorgestellten entsprechen. Ich wünsche Ihnen viel Spaß beim Lesen und beim (vorerst) gedanklichen Reisen.

Feuerzeichen

Die Feuerzeichen Widder, Löwe und Schütze suchen die ewige Sonne,
die Hitze und das Licht. Vulkanische Landschaften beflügeln den Widder,
Eleganz und Schönheit den Löwen, grandiose Szenarien den Schützen.

Reiseziele für den Widder

Heiß, herausfordernd und einmalig

Eine Begegnung mit der Vergangenheit, die Konfrontation mit den Naturgewalten und der Genuß heilender und energiespendender Thermalquellen – das ist es, woraus ein Widder neue Kraft und Energie schöpft.

Die Liparischen Inseln

Und dies alles bieten die Liparischen Inseln, auch Äolische Inseln genannt, die der Stiefelspitze Italiens vorgelagert sind. Das Archipel, bestehend aus den sieben Inselchen Lìpari, Vulcano, Panarea, Salina, Strómboli, Filicudi und Alicudi, zählt wegen seiner außergewöhnlichen Naturschönheiten, seiner weißen und schwarzen Badestrände und seiner vulkanischen Phänomene sicherlich zu den interessantesten Inseln des gesamten Mittelmeerraumes. Und zu den beeindruckendsten, speien dort doch noch aktive Vulkane Lava- und Lapillimassen ins Meer – Naturschauspiele, die man tagsüber besuchen, nachts aber besonders genießen kann. Entdecken und erobern sollte man sie vom Hauptstandort Lìpari aus per Fähren und

Ab in den Süden! Auf seinem Lebensreiseplan sollte sich der Widder unbedingt die vulkanischen Liparischen Inseln vormerken, die der Stiefelspitze Italiens vorgelagert sind

dann zu Fuß. Unbedingt besichtigen und auf sich wirken lassen sollte man auf Lìpari die Kirche Immacolata, an der man Bauschichten von der ältesten Bronzezeit über die Eisenzeit bis zur römischen Zeit erkennen kann. Viel Zeit muß man für den Ausflug nach Vulcano mitbringen, denn dort laden die 37 bis 40 Grad heißen Thermalquellen zum Baden, die im Westen der Insel gelegene Grotta del Cavallo zum Verweilen und zum Kraftschöpfen ein. Auf Panarea ist die Besichtigung des vorgeschichtlichen Dorfes von Punta Milazzese ein unbedingtes Muß und ein wahrer Ausflug in die Vergangenheit. Das Dorf (13./14. Jahrhundert v. Chr.) gilt als die besterhaltene bronzezeitliche Ansiedlung Italiens. Auf Stròmboli spuckt der aktive Krater alle 17 Minuten seine Lava aus. Dort gibt es übrigens auch ein reiches Basaltvorkommen, dessen Strahlen Körper, Geist und Seele positiv beeinflussen. Beste Reisezeit: Mai bis September.

Andalusien

Ob Sie nun in Sevilla, in Granada, in Córdoba oder im romantischen Ronda Ihr Ferienquartier aufschlagen – besuchen werden Sie gewiß all die geschichtsträchtigen Städte dieser faszinierendsten Kulturlandschaft Europas. Doch neben der Alhambra, den Gär-

ten des Generalife, dem Siegerdenkmal in Granada, der Kirche San Gil, dem Minarett, dem Rathaus und dem Alcázar in Sevilla, der Mezquita, der arabischen und jüdischen Altstadt und der Synagoge in Córdoba und der Casa del Cura, der Kirche Santa Maria la Mayor und der Stierkampfarena in Ronda sollten Sie auch mal von den üblichen Touristenwegen abweichen. Tauchen Sie ein in die Höhle Cueva de las Piletas bei Ronda, oder nehmen Sie an einer Besichtigung der Höhlen von Nerja teil, genießen Sie in den Höhen der Sierra Nevada die atemberaubende Stille, und widmen Sie sich dort einmal ausschließlich Ihren eigenen Empfindungen. Beste Reisezeit: Juni bis Oktober.

Wer Andalusien hört, denkt gewiß zuerst an Granada und die weltberühmte Alhambra. Doch sollten Sie auch von den üblichen Touristenwegen abweichen und sich in den Höhen der Sierra Nevada einmal ausschließlich Ihren eigenen Empfindungen widmen

Das Tote Meer

»... und diesem Wasser soll heilende Kraft zukommen. Und wer immer

Atemberau-
bend, erhebend
und unwirk-
lich erscheint
dem Betrachter
das St. Georgs-
Kloster in den
Judäischen
Bergen. Einer
Fata Morgana
gleich taucht es
türkisschim-
mernd in der
Felswand auf,
wenn man von
einer einsamen
Stelle aus in
das tiefe Tal
schaut

hierher kommt, wird leben.« So steht es in der Bibel über das Tote Meer geschrieben. Die Mystik lebt: 400 Meter unter dem Meeresspiegel gelegen, ist das Tote Meer der tiefste Punkt der Erde, der Keller der Welt. Und tatsächlich: Dort fühlt man sich ähnlich wie im Bauch der Mutter Erde: behütet und beschützt, getragen von dem Wasser, in dem niemand untergehen kann. Jeder schwimmt buchstäblich oben. Das Meer, das eigentlich gar kein Meer, sondern der Mündungssee des Jordan ist, liegt mitten in Israel. Im Negev (was soviel wie »die Trockene« bedeutet), der kleinsten Wüste der Welt, eine Sand- und Steinwüste mit Gebirgen, Schluchten, Plateaus, trockenen Wasserläufen (Wadis), Dünen, Oasen und Beduinen. Eingerahmt wird das Tote Meer von den Judäischen Bergen (etwa 600 Meter hoch) und auf jordanischer Seite von

dem etwa 800 Meter hohen Moab-Gebirge. Gerade hier, in den Judäischen Bergen, spürt man etwas von der Würde der Unendlichkeit im Heiligen Land. Dort sehenswert: das St. Georgs-Kloster, das plötzlich einer Fata Morgana gleich vor einem auftaucht. Dann nämlich, wenn man an einer einsamen Stelle in den Bergen in ein 600 Meter tiefes Tal schaut und das türkisfarben schimmernde Kloster in der Felswand erblickt. Ebenso ein Erlebnis: Masada, der 450 Meter hohe, fast unzugängliche Felsen am Toten Meer. Tip: Schlafsack und Trinkwasser mitnehmen und in den Festungsruinen von Masada übernachten und morgens den Sonnenaufgang über dem Toten Meer bestaunen. Weitere Ziele: En Gedi, Oase und Kibbuz mit dem En Gedi Naturpark und dem Wasserfall des König David. Außerdem der Ramonkrater (mit dem Jeep

---

Glücksorte für Jupiter im Widder

Asunción (Paraguay), Bogotá (Kolumbien), Buenos Aires (Argentinien), Caracas (Venezuela), Cartagena (Spanien), Hamilton (Bermudas), La Paz (Bolivien), Lima (Peru), Montevideo (Uruguay), Panama City (Panama), Port-au-Prince (Haiti), Santiago (Chile), Valparaíso (Chile)

zu erreichen), die Quelle Saharonim, die Festungen Nekarot und Kazra sowie das Wadi Kasui, eine Landschaft aus riesigen Sanddünen inmitten der Wüste. Gleich drei Heilfaktoren machen das Tote Meer zu einem Kraftreiseziel: das besondere Wasser, die Luft, die unter anderem den höchsten Sauerstoffgehalt der Welt sowie einen hohen Anteil des nervenberuhigenden Gases Brom aufweist und dazu noch allergenfrei ist, und die Sonne, deren Strahlen durch die tiefe Lage auf spezielle Art »gefiltert« werden und so heilend auf die Haut und den gesamten Organismus wirken. Wohnen kann man auf israelischer Seite unter anderem in Ein Bokek (Behandlungszentrum für Hauterkrankungen) oder im Kibbuz von En Gedi; das Tote Meer läßt sich auch in einem Tagesausflug vom israelischen Badeort Eilat am Roten Meer besuchen. Beste Reisezeit: Mitte September bis Ende Mai.

Die Kanarischen Inseln

Man nennt sie das »Archipel des ewigen Frühlings«: die sieben großen und sechs kleineren, unbewohnten Inseln der Kanaren mit ihren traumhaft schönen Sandstränden, den Palmenoasen, den tiefen Schluchten und der mal überschäumenden, mal kargen Vegetation. Bekannt sind vor allem die Inseln Gran Canaria, Teneriffa, Fuerteventura und Lanzarote. Doch obwohl allen der Hauch des »Massentourismus« anhaftet, bietet jede einzelne viele Flecken, die – weit ab vom Tru-

Lanzarote ist die östlichste der Kanarischen Inseln. Etwa 300 Vulkankegel erheben sich hier gen Himmel. Höhepunkt der Reise: mit Dromedaren auf die im Südwesten der Insel gelegenen Feuerberge reiten

bel – entdeckt werden wollen. Besonders interessant und passend für einen Widder-Geborenen erscheint mir Lanzarote mit den etwa 300 Vulkankegeln, die sich gen Himmel erheben. Ein steinernes Meer im Meer, das den ursprünglichen Zustand der Erde zeigt. Der Nordost-Passat bestimmt das Klima auf der Insel. Es ist sanft, zählt zu den gesündesten und beständigsten auf der Erde. Hier, inmitten des Felsenmeeres, wachsen der Seele Flügel. Das Atmen wird zur Lust, der Geist erhebt sich, und man glaubt, schwerelos davonzuschweben. Lanzarote ist die östlichste der Inseln, und ihr Hauptort Arrecife wird von zwei Burgen überragt. Fahrten oder Wanderungen über die Insel eröffnen einem immer wieder völlig andere Landschaftsbilder. So sollte man einen mehrtägigen Aufenthalt auf einem der wunderbaren Landsitze mitten im Weinanbaugebiet der Insel einplanen, den kleinen Orten mit ihren weiß getünchten Häusern und typisch grünen Fensterläden etwas Zeit widmen und sich auf den wild zerklüfteten Klippen entspannen und die Naturgewalt des Wassers auf sich wirken lassen. Höhepunkt der Reise: Mit Dromedaren auf die im Südwesten der Insel gelegenen Montañas de Fuego (Feuerberge) reiten. Achtung: Dort, im Vulkan-Eldorado, sind die Temperaturen bis 10

Zentimeter unter der Erdoberfläche so heiß, daß man mühelos Spiegeleier braten kann! Beste Reisezeit: April bis Oktober.

Hawaii

»Bevor ich nach Hawaii kam, hatte ich eine bestimmte Vorstellung vom Paradies. Als ich von der Reise zurückkehrte, hatte es einen Namen!« schrieb ich als letzten Satz in mein Reisetagebuch. Hawaii – damit meine ich vor allem die Hauptinsel Big Island, die dem Archipel im Pazifischen Ozean seinen Namen gab. Hawaii, die Orchideen-Insel. Reisende wohnen entweder in einem der Hotels in Hilo oder Kona. Von dort aus kann man per organisierten Ausflügen oder auf eigene Faust mit dem Leihwagen (unbedingt auf Vierradantrieb achten!) in angenehmen Tagestouren immer wieder neue Gesichter dieser Trauminsel entdecken. Und zu entdecken und zu besichtigen gibt es wirklich viel: den Vulkan Mauna Kea, der als Postkartenmotiv mit seinem schneebedeckten Krater die tropische Insel überragt. Die Parker Ranch, die etwas höher liegt und mit ihren zigtausenden von Rindern eher an das Allgäu denn an die Tropen erinnert. Dschungelwälder, in denen die wunderbarsten Früchte wachsen und Bäume auf hochbeini-

Paradiesisch,
ursprünglich
und kühn: die
Vulkanhöhen
und die Täler
auf Big Island,
der Hauptinsel
von Hawaii

gen Luftwurzeln stehen. Zu bestaunen ist das Green Valley, ein breiter Flußlauf, der sich durch ein wunderbares Tal windet und ins Meer mündet. Hier zu baden ist einfach ein Genuß! Dann sind da noch die sagenhaften Rainbow-Wasserfälle, der Lava Tree Park, wo die »versteinerten Hawaiianer« zu sehen sind, der Vulcanos National Park, das Tempeldorf City of Refuge und schließlich der Green Sand Beach, ein grünschillernder Sandstrand, einer der wenigen auf der Welt. Die Wände der Klippen enthalten grünes Gestein, das als Sand abgewaschen dem Strand seinen Namen gab. Eigentlich müßte er Smaragdstrand heißen, denn wie ein gigantischer, grünfunkelnder Edelstein wirkt

er auf jeden, der ihn erblickt. Die wenigsten Hawaii-Besucher wissen übrigens von seiner Existenz, da er nur in sehr wenigen und sehr guten Reiseführern beschrieben wird. Widder allerdings nehmen die Herausforderung an, ihn zu finden. Er liegt im Süden der Insel in einem Reservat (Einheimische nach dem Weg fragen), knapp zehn Kilometer vom South Point, dem südlichsten Punkt Amerikas, entfernt. Von dem (einsamen) Parkplatz aus folgt man etwa drei Stunden einem Trampelpfad entlang der Steilküste (immer mal wieder das Meer nach Walen absuchen!), der abrupt abbricht und den Blick freigibt auf den für mich schönsten Strand der Welt. Vorsicht: Auf dem Weg dorthin gibt es

keinen Schatten! Deshalb unbedingt Sonnenschutz auftragen und einen Hut mitnehmen, außerdem genug Wasser. Beste Reisezeiten, um die prachtvolle Schönheit dieser Insel zu entdecken: Januar/Februar, Mai/Juni, September/Oktober.

Der Südwesten der USA

Der Gang in die Wüste kommt dem Gang des Pilgers gleich. Hier, fernab von Konsumgeschehen und Reizüberflutung, wird das Sehen und Empfinden geschärft, man wird eins mit sich und seinen Gefühlen, eins mit der Landschaft und seiner Erde … Die Staaten des amerikanischen Südwestens (Arizona, Nevada, Utah, New Mexico und der südwestliche Teil Colorados) zählen seit Jahrzehnten mit

Er gehört zu den beliebtesten Reisezielen in den USA: der Südwesten mit den Staaten Arizona, Nevada, Utah, New Mexico und Teilen Colorados. Urzeitlich: die Felsmalereien, die man an heilenden Orten in New Mexico finden kann

zu den beliebtesten Reisezielen in den Vereinigten Staaten. Der Südwesten mit seiner atemberaubenden, vom Licht immer neu verzauberten Landschaft, mit seinen endlosen Ebenen, flirrenden Wüsten, mit seinen monumentalen Steindomen, den Felsbögen und der ewigen Weite – er war schon zu Zeiten des »Wilden Westen« Verlockung, Sehnsucht, Freiheit und Abenteuer, und er ist es auch noch heute. Charles Bowden, einer der bekanntesten Buchautoren des Südwestens, schrieb in einer seiner Veröffentlichungen: »Die riesigen Weiten, der heiße Sand und die Felsen machen schneller süchtig als Kokain. Ich bin hier mehr als einmal fünfzig, sechzig Meilen weit gelaufen und habe nur meine eigenen Fußspuren gesehen. Jeder kann hier eine Weile verschwinden, und beinahe jeder verliert hier einen Teil seiner Wahrheiten und gewinnt neue Erkenntnisse über sich selbst. Wer in dieses Land geht, bleibt mit seiner Seele immer dort, denn es geht einem niemals wieder aus dem Sinn.«

Entdecken läßt sich der Südwesten natürlich am besten per Leihwagen. In den Nationalparks gibt es meist mehrere Hotels (unbedingt sechs bis acht Monate im voraus Zimmer reservieren!). Beeindruckende Parks in Utah: Der Arches Nat'l Park (312 Quadratki-

Sedona – hier tankt der Widder schöpferische Kraft

Indianer sind seit jeher Meister im Aufspüren von Kraftpunkten und Energiequellen gewesen. Früher hielt man ihre Kenntnisse für Aberglauben. Heute gehen Heiler, Therapeuten und Wissenschaftler bei ihnen in die Lehre. Ein indianisches Zentrum magischer Kräfte liegt in Arizona (USA), knapp zwei Autostunden von der Stadt Phoenix entfernt. Es sind die roten Felsen von Sedona. Medizinmänner und Wahrsagerinnen haben hier bereits lange vor Kolumbus heilende Ströme und Bilder der Zukunft empfangen. Und noch heute schöpfen indianische Weise hier Kraft und Inspiration. Was erlebt man dort? Am Tafelberg Airport Mesa, dessen Magnetismus die Haare zu Berge stehen läßt, haben zahllose Menschen einen Durchbruch ihrer medialen Fähigkeiten erlebt. Und der Boyton Canyon fördert nach indianischem Glauben Ideenreichtum und Inspiration.

lometer) besticht durch seine Stein-säulen, Felsrippen und -flossen, -fen-ster, -bögen und -brücken. Ein Eldo-rado für Fotofans: der Bryce Canyon Nat'l Park (145 Quadratkilometer). Hier verändern die Nadeln, Säulen und Wände aus eisen- und man-ganhaltigem Sand- und Kalkstein je nach Sonnenstand ihre Farbe. Be-rauschend! In Nevada: Was einst ein Binnenmeer war, ist heute Wüste und gehört mit zu den unwirtlichsten Gegenden Nordamerikas: das Death Valley (7800 Quadratkilometer). Im 312 Quadratkilometer großen Great Basin Nat'l Park sind die Lehmann-Kalksteinhöhlen die größte Besucher-attraktion. Unbedingt anschauen: den Pinienwald mit seinen bis zu 4000 Jahren alten Bäumen. Eines der größ-ten Kalkstein-Höhlensysteme der Welt findet man im Carlsbad Cavern Nat'l Park (New Mexico). Einige der größ-ten Kavernen – sie reichen bis zu 300 Meter tief in die Erde hinein – sind dort zu besichtigen. Im Sommer sind die Fledermäuse eine weitere Attrak-tion, wenn sie abends zu Tausenden die Höhlen verlassen, um auf Insek-tenjagd zu gehen. Parks in Arizona: der spektakuläre Monument Valley Navajo Tribal Park (120 Quadratkilo-meter) mit seinen roten und gelbli-chen Schloten, Tafelbergen, Pfählen und Nadeln und den Überresten von Vulkanen (Basalt!). Biegen Sie dort ab ins weniger bekannte Valley of the Gods. Es ist ebenso beeindruckend wie das Monument Valley, aber viel einsa-mer, da nur sehr wenige Besucher hierher kommen. Ein wahrer Ort der Besinnung! Beste Reisezeiten für die Nationalparks: Frühjahr und Herbst.

Reiseziele für den Löwen

Sonnig, herrschaftlich und pulsierend

Ein Löwe-Herz schlägt etwas schneller, wenn es von Schönheit, von Lebenslust und von einem gewissen Luxus umgeben ist. Einen Löwen lockt ein gewisser Komfort, die Pracht und oft auch die Herrlichkeit früherer Tage. So zieht es ihn gewöhnlich in große Städte oder in Gebiete mit einer noch größeren Vergangenheit. Dort kann er sich seinen Träumen hingeben, dort blüht er auf und tankt im Überfluß die Kraft, die er für den oft grauen und eintönigen Alltag so dringend benötigt.

Lissabon

Die Hauptstadt Portugals ist solch ein Ort, an dem sich ein Löwe sofort heimisch und wohl fühlen könnte. In den verwinkelten und malerischen Gassen des alten Alfama-Viertels entdeckt er wunderschöne Fassaden. Mit dem um die Jahrhundertwende gebauten Aufzug Santa Justa geht's hinauf in die Oberstadt, von wo aus man einen phantastischen Blick über die gesamte Metropole und die Altstadt hat. Nicht

Lissabon - Hauptstadt und Herz Portugals. An einem Ort mit solch prächtigen Bauwerken wie dem Hieronymuskloster fühlt sich ein typischer Löwe sofort heimisch und wohl

fehlen darf eine Bootsfahrt auf dem Tejo, die dem Reisenden bezaubernde Stadtansichten vom Wasser aus gestattet. Und dann all die herrschaftlichen Sehenswürdigkeiten, gerade das Richtige für die majestätischen Löwen: Queluz, das von Versailles inspirierte Königsschloß aus dem 18. Jahrhundert, Sintra, die Sommerresidenz der portugiesischen Könige, in der Altstadt die Burg Castelo de São Jorge mit ihrem atemberaubenden Ausblick.

Entspannung und Ruhe findet man während seiner Städtereise in dem herrlichen Kloster Madre de Deus und im Ortsteil Belém im Hieronymuskloster. Lassen Sie die Stille auf sich wirken! Besonders jene, die in der Vinzenz-Kirche auf Sie einströmt und Sie entspannt. Lieblingsort könnte das Geschäftsviertel Chiado werden, denn hier pulsiert das Leben. Herrlich altmodische und skurrile Läden und Cafés warten auf Kunden – und bedient wird mit dem ganzen Charme des Südens. Genießen Sie hier Ihren Kaffee oder den berühmten Porto. Beste Reisezeit: März bis Oktober.

Fès und Marrakesch

Zwei weitere Städte will ich Ihnen vorschlagen, die auf dem Lebens-Reiseplan eines Löwen ganz oben stehen sollten: die beiden marokkanischen

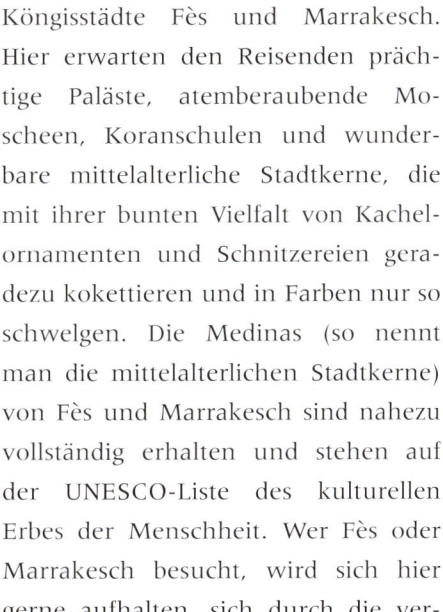

Köngisstädte Fès und Marrakesch. Hier erwarten den Reisenden prächtige Paläste, atemberaubende Moscheen, Koranschulen und wunderbare mittelalterliche Stadtkerne, die mit ihrer bunten Vielfalt von Kachelornamenten und Schnitzereien geradezu kokettieren und in Farben nur so schwelgen. Die Medinas (so nennt man die mittelalterlichen Stadtkerne) von Fès und Marrakesch sind nahezu vollständig erhalten und stehen auf der UNESCO-Liste des kulturellen Erbes der Menschheit. Wer Fès oder Marrakesch besucht, wird sich hier gerne aufhalten, sich durch die ver-

Teppiche, deren Farbenpracht jeden in ihren Bann ziehen. Gestikulierende Händler, brodelndes Leben in den Basaren – in den beiden Königsstädten Fès und Marrakesch überkommt den Besucher ein Gefühl der Zugehörigkeit

winkelten Gassen mit ihren malerischen Läden und farbenfroh gekleideten Menschen treiben lassen. Man fühlt sich fremd in diesem Meer von Farben, Gerüchen, Geräuschen, von Gesichtern und wehenden Schleiern. Und doch überkommt jeden ein Gefühl der Zugehörigkeit, was wohl an der Freundlichkeit der Menschen liegt. Besuchen Sie in Fès die Souks der Färber und die Werkstätten der Kupferschmiede, bestaunen Sie das Bab Boujeloud, das Stadttor, mit seinen blauen und grünen Fayencen auf der Außen- und Innenseite. Eines der berühmtesten Bauwerke der Stadt ist die im 14. Jahrhundert errichtete Koranschule Bou Inania. In ihr wird heute nicht mehr gelehrt, so daß sie zur Besichtigung freigegeben ist. Mittelpunkt der Altstadt (Fès al Bali) ist die im 9. Jahrhundert gegründete Karaouine-Moschee, die größte Moschee Nordafrikas und gleichzeitig Sitz der islamischen Universität von Fès. Der bedeutendste Wallfahrtsort Marokkos ist das Zaouia des Moulay Idris II., der Grabbau des Stadtgründers (der Zugang ist nur Moslems gestattet). Marrakesch gilt nach Fès als schönste Stadt des Landes, doch muß sich jeder sein eigenes Bild davon machen, welche der beiden Städte ihm nun besser gefällt ... falls man überhaupt eine Wahl treffen kann! Allein schon die Lage Marra-

---

Glücksorte
für Jupiter in Löwe

Brighton (Groß-Britannien), Brisbane (Australien), Brüssel (Belgien), Budapest (Ungarn), Canberra (Australien), Cannes (Frankreich), Danzig (Polen), Djakarta (Indonesien), Den Haag (Niederlande), Fairbanks (Alaska, USA), Nancy, Nantes (beide Frankreich), Manila (Philippinen), Melbourne (Australien), Peking (China), Perth (Australien), Rom (Italien), Saarbrücken, Saigon (Vietnam), Saloniki (Griechenland), Sydney (Australien)

---

keschs in einer Palmenoase, die roten Lehmbauten und die farbenfrohen Händlerviertel geben der Stadt einen ganz eigenen Charme. Und einen typischen Wüstencharakter, der sich trotz der 1,5 Millionen Einwohner doch immer noch erhalten hat. Wahrzeichen von Marrakesch ist die weithin sichtbare Koutoubia-Moschee, die 1153 entstand und als ein Meisterwerk der maurischen Baukunst gilt. Als bedeutendstes Baudenkmal der Stadt gelten die Saadier-Gräber aus dem 16. Jahrhundert. Nicht weit entfernt von Marrakesch steht die heilige Stadt Tinmal. Das dortige Kloster wurde 1125 erbaut. Reste dieser Klosteranlage und einer Moscheeruine sind noch erhalten. Wer sich an diesen Ort begibt, sollte etwas Zeit mitbringen – und vor allem etwas Muße. Versuchen Sie, wie in der Einführung beschrieben, Kontakt aufzunehmen mit der heiligen Erde. Eine Bekannte von mir beschrieb ihre Stimmung nach dem Aufenthalt in Tinmal als »euphorisch und wie neu geboren«. Ein Schauspiel, das man sich nicht entgehen lassen sollte, findet allabendlich auf dem »Platz der Geköpften«, dem Place Djemna El Fna im Zentrum der Medina statt: Umrundet von den uralten Bauten, was allein schon für eine eigentümliche Stimmung sorgt, treten hier Schlangenbeschwörer, Feuer-

schlucker, Akrobaten und Musikanten auf. Ein unvergleichliches Spektakel, das jeden in den Bann des Orients zieht. Beste Reisezeit: März bis Mai, September bis November.

Rajasthan

Wer Indien hört, denkt wohl zunächst einmal an Bombay, an Dehli, an das Tadsch Mahal in Agra oder an Goa, die ehemalige »Hippie-Hochburg«, den »Geheimtip«, der längst von Touristenmassen überrollt ist. Wer in Sachen Kultur unterwegs sein will – und das ist bei den meisten Löwen der Fall –, der sollte sich aber auch Raja-

Wer in Sachen Kultur unterwegs sein möchte, sollte Rajasthan, das Land im Norden Indiens, nicht auslassen. Berühmte und kulturhistorisch sehenswerte Städte sind Udaipur (siehe links) und Jodhpur mit ihren prachtvollen Palästen

sthan, ein Gebiet, ein ganzes Land im Norden Indiens vormerken. Dort, inmitten der kargen Wüstenlandschaft, taucht unvermittelt die »rosarote Stadt« Jaipur aus dem Sand auf. Rosarot deshalb, weil die Stadtmauern und Häuserfassaden braun-rötlich bemalt sind. Die Stadt wurde 1728 vom Maharadscha Sawai Jai Singh II. errichtet und ist dem einen oder anderen Weltenbummler durch den Palast der Winde ein Begriff. Wobei es sich gar nicht um einen Palast handelt, sondern um eine ungewöhnliche Fassade mit über 900 Fenstern, durch die die Damen im Palast einst die Außenwelt beobachten konnten, ohne selbst gesehen zu werden. Astrologiefans besuchen in Jaipur, der Haupt- und größten Stadt Rajasthans, sicherlich das Observatorium des Gründervaters. Er war nämlich ein anerkannter Astronom und Astrologe, der in politischen Entscheidungen und zur Rechtsfindung beides miteinander verband. Das Observatorium Jantar Mantar wirkt mit seinen überdimensionalen Instrumenten zunächst wie ein surrealistischer, gigantischer Gerätepark – da stehen steinerne Astrolabien, die als Sternenuhr verwendet wurden, Mittelpunkt ist aber der über 30 Meter hohe Shasthama Yantra, der Zeigerstab einer riesigen Sonnenuhr. Sehenswert in Jaipur ist außerdem der

märchenhaft ausgestattete Stadtpalast, der ein Siebtel der gesamten Altstadt einnimmt. Zwölf Kilometer nördlich von Jaipur liegt die Rajafestung Amber, eine der herausragendsten Sehenswürdigkeiten Indiens. Die Festung aus dem Jahr 1600 empfängt den Besucher mit prächtigen und luxuriösen Toren und Höfen, Treppenaufgängen und Säulenpavillons, die den einstigen Ruhm und den sagenhaften Reichtum der Mogulherrscher widerspiegeln. Jodhpur ist die zweitgrößte Stadt Rajasthans und liegt am Rande der Wüste Thar. Hauptattraktion ist hier die verschachtelte Altstadt mit ihren engen Basarstraßen, die von einer zehn Kilometer langen Mauer umgeben ist. Innerhalb der Festung, die die Stadt auf einem 125 Meter hohen Hügel überragt, befinden sich mehrere Paläste, die überaus prunkvoll ausgestattet sind: mit den herrlichsten Einlegearbeiten, Deckenmalereien und Spiegeln. Beenden könnte man eine Reise durch Rajasthan mit einem Aufenthalt in Udaipur, einer der romantischsten Städte Indiens. Sie liegt malerisch eingebettet zwischen bewaldeten Hügeln und künstlich angelegten Seen. Überragt wird sie von dem märchenhaften Palast des Maharadschas von Mewar. Den um 1640 errichteten Jagdis-Tempel schmückt eine atemberaubende Außenfassade mit Skulpturen von Tänzerinnen und Göttern. Flankiert werden die Treppen zum Tempel von Elefanten, steinernen Zeugen einer großen kulturellen Vergangenheit. Hier in Udaipur befindet sich auch der größte Palastkomplex Rajasthans, der im 16. Jahrhundert erbaute, prächtige Stadtpalast des Maharadschas Udai Singh. Einen Rat möchte ich den Indienreisenden noch mit auf den Weg geben: Wenn Sie einen Tempel besuchen, dann sollten Sie (aus Achtung vor den indischen Besuchern) rindslederne Utensilien wie Gürtel, Handtaschen und Kamerahüllen verdecken, da diese Tiere in Indien als heilig gelten. Beste Reisezeit: November bis März.

Luxor

Einst war es eine der größten und prächtigsten Städte der Welt. Damals hieß es Theben und stellte das geistige und religiöse Zentrum des Reiches dar. Heute ist Luxor mit seinen etwa 50 000 Einwohnern im Vergleich zu Kairo, Alexandria, Assuan, Assiut oder El Minya ein Provinzstädtchen. Allerdings eines, das sich eine gewisse Großartigkeit und Einmaligkeit bewahrt hat: in seiner Umgebung liegen die erstaunlichsten altägyptischen Tempel- und Grabanlagen, die wunderbarsten und prächtigsten steiner-

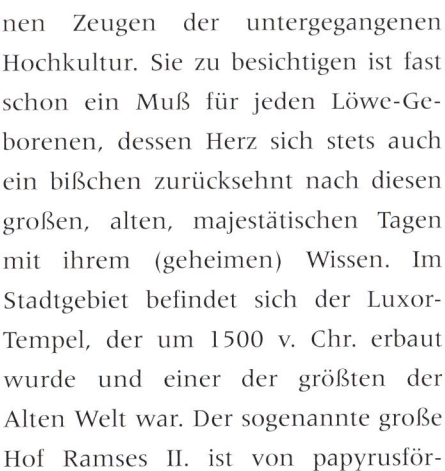

nen Zeugen der untergegangenen Hochkultur. Sie zu besichtigen ist fast schon ein Muß für jeden Löwe-Geborenen, dessen Herz sich stets auch ein bißchen zurücksehnt nach diesen großen, alten, majestätischen Tagen mit ihrem (geheimen) Wissen. Im Stadtgebiet befindet sich der Luxor-Tempel, der um 1500 v. Chr. erbaut wurde und einer der größten der Alten Welt war. Der sogenannte große Hof Ramses II. ist von papyrusför-

Historie auf Schritt und Tritt, steinerne Zeugen einer Hochkultur und Zeichen eines großen, geheimen Wissens finden sich in Luxor, einst eine der größten Städte der Welt

Weltberühmt und noch immer nicht ganz enträtselt: die Pyramiden von Gise. Pyramidologen sind davon überzeugt, daß ihre Form und Maße kosmische Kräfte bündeln und speichern

migen Säulen und monumentalen Stand- und Sitzbildern umgeben. Durch einen über 50 Meter langen Säulengang gelangt man in einen zweiten säulenumstandenen Hof und schließlich ins Heiligtum, in dem einmal im Jahr die Barke mit der Amunstatue aufgebahrt wurde, die aus Karnak überführt worden war – symbolische Wiederkehr der Hochzeit von Amun und Mut. Das Heiligtum von Luxor und die Tempelanlage von Karnak verbindet eine zweieinhalb Kilometer lange Sphingenallee. Von etwa 2100 v. Chr. bis zur Römerzeit bauten fast alle Könige Ägyptens an dieser hochkomplizierten Anlage, die aus drei großen Komplexen besteht: dem Tempel des Lokalgottes Month,

dem Tempel der Amungattin Mut und dem Amun-Tempel selbst. Beeindruckendster Bauteil ist der Große Säulensaal. Hier stehen auf einer Fläche von 5356 Quadratmetern in 16 Reihen 134 gigantische Säulen, deren Reliefs von kultischen Handlungen erzählen. 70 Kilometer nördlich liegt in Dendera der Hathor-Tempel aus der Zeit um 330 v. Chr. Interessant ist dieser Tempel besonders für Astrologiefreunde, weil die Decken und Wände mit prächtigen Reliefs und Malereien geschmückt sind, die Tierkreissymbole darstellen. Wirklich spektakulär ist der am Fuß einer mächtigen Kalksteinsandmauer erbaute Terrassen-Tempel von Deir el-Bahari (drei Kilometer nordwestlich), der während der Regierungszeit der Königin Hatschepsut entstand (etwa 1500 v. Chr.). Und schließlich das weltberühmte Tal der Könige, tausendfach beschrieben, millionenfach fotografiert. Zwischen 1570 und 1085 v. Chr. diente dieses Felstal als Grabstelle für alle ägyptischen Könige außer Echnaton. 17 der insgesamt 64 Grabhöhlen mit Wandmalereien und Inschriften, die Ratschläge für die Reise ins Jenseits geben, sind für Besucher geöffnet. Berühmtestes Grab ist das des Tutanchamun, 1922 entdeckt und nahezu unversehrt erhalten. Der sagenhafte goldene Sarg mit der prunkvollen Maske und der Königsmumie war von drei ineinandergesetzten mumienförmigen Särgen, einem Quarzitsarkophag und vier Schreinen umgeben. Der Quarzitsarkophag und ein Holzsarg blieben in der Grabkammer, der Grabschatz – er bestand aus 1 500 Einzelstücken! – wurde in das Nationalmuseum in Kairo überführt. Beste Reisezeit: Oktober bis April.

Gräber mit der Kraft des Alls

Wer eine Studienreise nach Ägypten unternimmt, wird sicherlich auch zu den Pyramiden von Gise, 14 Kilometer westlich von Kairo gelegen, reisen, den berühmtesten Bauwerken Ägyptens aus der Zeit von 2540 bis 2050 v. Chr. Die größte ist die von Cheops erbaute gleichnamige Pyramide. Sie ist 137 Meter hoch und hat eine Seitenlänge von 230 Metern. 20 000 Männer arbeiteten 20 Jahre an ihr. Sie zählt mit ihren 2,34 Millionen Quadratmetern Mauerwerk zu den größten Steinbauten, die jemals errichtet wurden. Und im Altertum zu den sieben Weltwundern. Für Wunder sorgt sie noch heute: In ihren Mauern werden stumpfe Rasierklingen wieder scharf, Milch und Fleisch bleiben wochenlang frisch, Blumen welken nicht, Medikamente wirken besser. Jeder, der in ihr weilt, kehrt als ein anderer zurück: leichter, vertrauensvoller, innerlich reicher. Laut New-Age-Experten entfaltet sie jeweils am 11. Januar ihre größte Kraft. Aus der Mitte der Galaxie soll dann ein besonders kraftvoller Energiestrahl auf ihre Spitze treffen und die gesamte Umgebung mit heilenden Schwingungen aufladen. Eine hinlänglich und wissenschaftlich fundierte Erklärung hat man für das Pyramiden-Phänomen bisher noch nicht gefunden. Pyramidologen sind davon überzeugt, daß Form und Maße der Pyramide kosmische Kräfte bündeln und speichern (inzwischen werden maßstabgerechte Mini-Pyramiden auch von Ärzten und Heilpraktikern zur Unterstützung von Behandlungen eingesetzt). Es bleibt die Frage, wie die Ägypter das Wunder der kraftspendenden Pyramidenform entdeckten ...

Reiseziele für den Schützen

Grandios, gigantisch und ein bißchen ausgefallen

Schützen sind zeitlebens Abenteurer. Sie gehören zu den Entdeckern unter den Tierkreiszeichen. Auch zu den Trendsettern. Sie spüren mit Vorliebe Paradiese auf, die ihnen zunächst einmal (fast) ganz alleine gehören. Kommt dann die Masse nach, machen sie sich auf, um neue Fleckchen zu finden ...

St. Kitts

Jede Wette, daß Sie den Namen dieses Reiseziels noch nie gehört haben: St. Kitts. Und das alleine wäre für einen Schütze-Reisenden schon Grund genug, sofort ins nächste Reisebüro zu gehen und sich näher darüber zu informieren. St. Kitts ist eine karibische »Mini-Insel« der Kleinen Antillen-Gruppe. Dazu gehören unter anderem hinlänglich bekannte Ferienziele wie zum Beispiel Barbados, Antigua, St. Lucia und Grenada, die für typische Schützen allerdings längst an Reiz verloren haben. Dort geht es ihnen einfach zu touristisch zu. Also: St. Kitts, die »Insel der Individualisten«. Eigent-lich besteht St. Kitts (mit seinen etwa 50 000 Einwohnern) aus drei Eilanden: St. Kitts, Nevis und Sombrero. Hauptstadt ist Basseterre (auf St. Kitts), in deren Nähe auf dem Brimstone Hill das Fort George liegt, von dem aus man bei klarem Wetter einen atemberaubenden Blick auf bis zu 15 andere karibische Inseln hat! St. Kitts und Nevis entdeckt man am besten zu Fuß und via »Inselbusse«, abenteuerliche Gefährte (genau das Richtige für Schützen!), die oft nur aus dem Fahrgestell eines ausrangierten Plantagen-Lastwagens bestehen. Und dann heißt es: entdecken, erforschen – und viel fotografieren! St. Kitts und Nevis sind nämlich Bilderbuchinseln. St. Kitts wird überragt von dem 1156 Meter hohen Mount Misery, der fast immer in weißen Dunst gehüllt ist. Vor 300 Jahren hat der Vulkan zum letzten Mal Lava gespuckt, seitdem ruht er und ist mit seinem ein Kilometer weiten Schlund ein Eldorado für Fotofans – wie übrigens fast jeder Zentimeter auf den Inselchen. Man wandert durch Palmenalleen und Baumwollfelder, durch tropische Wälder und (auf der südlichen Halbinsel) entlang der unberührtesten Traumstände. Wer jemals dort war, schwört, daß sie die schönsten der Welt sind! St. Kitts – ein Ferientraum für alle, die – wie die Schützen – der Masse entgehen und in

einer ebenso paradiesischen wie auch ursprünglichen Landschaft mal so richtig abschalten wollen. Beste Reisezeit: Dezember bis Mai.

Die Schluchten des Yangzi

Den Schützen locken grandiose Landschaften, in denen einem die eigene Winzigkeit bewußt wird, in denen man aber auch über sich hinauswachsen kann, staunt und erschauert von den Eindrücken. Fast schon poetisch wirken die Landschaften entlang des chinesischen Yangzi-Flusses. Empfehlen möchte ich eine Kreuzfahrt von Wuhan aus nach Chonqing, während derer wie in einem Bilderbogen die schönsten, klassischsten und gewaltigsten Regionen dieses unermeßlich großen Landes, des Reiches der Mitte, an einem vorbeiziehen. Hier regiert die Natur den Lauf der Dinge – eine Tatsache, die den Schützen immer wieder »elektrisiert«, entspannt, aufatmen und Kraft schöpfen läßt. 1 400 Kilometer weit ist die Strecke, die ins Landesinnere führt. Man passiert

Jede Wette, daß Sie den Namen dieses Schütze-Paradieses noch nie gehört haben: St. Kitts in der Karibik

Sashi mit seinem faszinierenden Tempel Zhang Hua Si aus dem 6. Jahrhundert, erlebt die Pagode des Ewigen Lebens, den Frühlings- und Herbstpavillon. Nach der Schleusenanlage von Yichang verengt sich das Yangzi-Flußbett allmählich, es folgt die 76 Kilometer lange Xiling-Schlucht, dann die Wu-Schlucht. Je nach Reiseveranstalter werden bei Wushan Exkursionen mit kleineren Booten zu den drei »kleineren« Schluchten des Daning-Flusses angeboten: zur Drachentor-Schlucht, zur Schlucht des Tropfenden Grüns und zur Bawu-Schlucht. Spektakulärste ist schließlich die Qutang-Schlucht, in der man fast schon »Platzangst« bekommt: Plötzlich verengt sich das Flußbett auf schmale 150 Meter, rechts und links türmen sich auf einer Strecke von acht Kilometern gigantische Felsformationen auf, die herunterzufallen drohen auf das Schiff, das die ewige Ruhe dieser einzigartigen Natur stört. Ein phänomenales Erlebnis, das jedem eine bleibende Erinnerung ist. Dauer der Reise: in der Regel sechs Tage. Beste Reisezeit: April bis Oktober.

Peking und Xian

Ideale Fortsetzung einer Kreuzfahrt auf dem Yangzi – aber natürlich auch ein separates Reiseziel – ist Peking

Glücksorte für Jupiter im Schützen

Basel (Schweiz), Berlin, Bern (Schweiz), Bochum, Bonn, Brighton (Groß-Britannien), Budapest (Ungarn), Cannes (Frankreich), Damaskus (Syrien), Danzig (Polen), Dresden, Freiburg, Genua (Italien), Genf (Schweiz), Kiew (Ukraine), Kopenhagen (Dänemark), Le Havre (Frankreich), Linz (Österreich), London (Groß-Britannien), Lyon (Frankreich), Neapel, Palermo (beide Italien), Prag (Tschechien), Reims (Frankreich), Saloniki (Griechenland), Täbris (Iran), Wien (Österreich), Utrecht (Niederlande), Warschau (Polen)

(Beijing), die Hauptstadt Chinas und Zentrum der großartigen Kultur des Reiches der Mitte. Hier begeistern den (Schütze-)Reisenden vor allem die großartigen Tempel, die phantastischen Paläste und die gigantischen Plätze. Der bekannteste von allen ist der Platz des Himmlischen Friedens, der inmitten der Stadt liegt und der größte der Welt ist. Hier stehen das Mao Mausoleum, die Große Halle des Friedens und das Tor zum Himmlischen Frieden. Superlativ auch der Sommerpalast im nördlichen Teil Pekings. Seine Gärten dienten den Kaisern als Sommersitz und gehören

heute zu den größten und besterhaltenen Kaisergärten Chinas. Es handelt
sich um eine faszinierende Parkanlage
entlang eines künstlichen Sees. Da stehen etliche traumhaft schöne Pavillons, prachtvolle Wohnräume und das
bekannte Marmorschiff. Höhepunkt
eines Peking-Besuchs ist sicherlich die
Besichtigung der Verbotenen Stadt.
Ein Meisterwerk der chinesischen Architektur des 15. Jahrhunderts und
Symbol des Alten China. Der größte
Komplex im Zentrum von Peking besteht aus 9 000 Zimmern. Die bedeutendsten und auch die besterhaltenen
Tempelanlagen der Stadt sind der
Lama-Tempel und der Konfuzius-Tem-
pel. Etwa 80 Kilometer nordwestlich
von Peking steht das wohl am häufig-
sten besuchte Teilstück der Chinesischen Mauer, die man sogar vom
Weltall aus sieht. Abschluß einer Reise
nach China könnte der Besuch der
Stadt Xian sein, in deren Nähe die
weltberühmte Terrakotta-Armee steht.
Sie wurde erst 1974 in drei Metern
Tiefe von Bauern entdeckt, die einen
Brunnen graben wollten. Unglaublich:
Auf einer Fläche von 14 000 Quadratmetern befindet sich in drei Gruben
eine Armee von tönernen Soldaten,
insgesamt 3210 lebensgroße Figuren,
von denen keine der anderen gleicht.
Noch heute, 22 Jahrhunderte nach
ihrer Entstehung, sind zum Beispiel

die Hiebwaffen so scharf, daß man
ein Haar damit zerschneiden kann!
Aufgabe dieser Armee, die in der
Schlachtordnung der damaligen Zeit
formiert ist, war es, über die Toten-
ruhe des Kaisers Qin Shi Huang zu
wachen. Den Eingang zu dem Kaiser-
grab, das 43 Meter unter einem hohen
Erdhügel aus Löß liegt und Teil des
Mausoleums ist, konnte man bis heute
nicht finden. Es wird angenommen,

*Superlative
im Norden
Pekings: der
Sommerpalast,
der heute zu
den größten
und besterhal-
tenen Kaiser-
gärten Chinas
zählt*

daß alle Arbeiter, die das Mausoleum bauten, getötet wurden, um dieses Geheimnis für immer und ewig zu wahren. Die Terrakotta-Armee gehört mit zu den aufregendsten archäologischen Stätten und zu den spektakulärsten Funden der Welt. Beste Reisezeit für Peking und Xian: Mai bis Oktober.

Der Shongololo

Nein, hier handelt es sich um kein Land, um kein Gebiet, auch um keinen Ort. Der Shongololo ist ein Zug, ein rollendes Abenteuer – und die etwas andere Art, die unermeßliche Schönheit Südafrikas zu erleben. 14 Tage lang ruckelt und schnauft der »Tausendfüßler« (denn das bedeutet Shongololo) durch das Land: auf der »Nordtour« von Kaptstadt aus nach Johannesburg, auf der »Südtour« wieder zurück. Wer nun allerdings an eine Art »Orient-Express« mit all dem bekannten Luxus denkt, der wird enttäuscht: Das »kleine Schwarze« läßt man auf dieser Tour besser zu Hause. Der erst seit kurzem verkehrende Shongololo ist ein Zug für Abenteurer wie die Schützen, die weniger auf Komfort, sondern vielmehr auf unvergeßliche Eindrücke Wert legen. Die bekommt man dafür aber auch täglich zuhauf: Zwei Besonderheiten machen

den »Tausendfüßler« für Erlebnisreisende besonders attraktiv: Gefahren wird meistens nachts, so daß man das jeweils nächste Reiseziel im Schlaf erreicht. Morgens werden dann die mitgeführten VW-Busse abgeladen, mit denen täglich drei bis fünf Ausflüge zu den Sehenswürdigkeiten des umliegenden Landes unternommen werden. Wer die Nordroute wählt, erlebt nach dem Einchecken in Kapstadt (Bahnhof von Muizenberg) erst einmal zwei Tage volles Besichtigungsprogramm vor Ort (geschlafen wird bereits in den kleinen, aber gemütlichen Abteilen): die Stadt mit ihren vielfältigen Baustilen, die Long Street mit ihren Antiquitätengeschäften, der geschäftige Flohmarkt am Greenmarket Square, die Straßen der Altstadt, den Tafelberg natürlich und das wilde, von den Seefahrern gefürchtete Kap der Guten Hoffnung. Dann endlich ruckelt der Zug los, huckepack die VW-Busse. Einige der Besichtigungs-Stationen: das traumhafte Stellenbosch, Zentrum des Weinbaus, Qudtshoorn, Zentrum der Straußenzucht, die wildromantisch gelegene Stadt Knysna an der weltberühmten Garden Route, der Addo Elephant Park, Diamantenminen, der Royal National Park, das Drakensberg Amphitheater, Durban, Swasiland, Krüger-Nationalpark, Johannesburg. Nach den Tages-

Wer Kapstadt besucht, den führt der Weg natürlich zum Tafelberg und zum gefürchteten Kap der Guten Hoffnung

touren trifft man sich vor dem Abendessen zu einem gemütlichen Aperitif im Barwagen. Danach folgt ein weiterer Höhepunkt: Aus der Küche rollen liebevoll ausgesuchte Gerichte der afrikanischen Küche an, die Gourmetqualität haben, dazu trinkt man je nach gusto wunderbar spritzige südafrikanische Weine. Beste Reisezeit: April bis September.

Die Halbinsel Monterey

Kantige Klippen, die von hochaufschäumender Gischt umspült werden, atemberaubende Canyons, traumhafte Sandbuchten, Nebelbänke, die um knorrige Zypressen wabern, darüber ein meist tiefblauer Himmel: Die Monterey-Halbinsel an der kalifornischen Pazifikküste (anderthalb Autostunden nördlich von San Francisco gelegen) zählt zu Recht zu den schönsten, wildesten und gleichzeitig romantischsten Feriengebieten der Welt. Ein Landstrich wie geschaffen für den Schützen, der die Weite sucht, dessen reger Geist sich an den Klippen reiben kann, den die Gischt im Innersten aufwühlt wie auch die See, die hier mal sanft ans Ufer säuselt, mal tosend heranklatscht. Am besten erkundet man diesen atemberaubenden Küstenabschnitt über den berühmten 17-Mile-Drive. Er beginnt am Pacific Grove Gate in Monterey, führt am traumhaft schönen Pebble Beach vorbei, wo einer der edelsten Golfplätze der Welt

Sie zählt zu den schönsten, wildesten und gleichzeitig romantischsten Feriengebieten der Welt: die Halbinsel Monterey, etwa anderthalb Autostunden südlich von San Francisco

liegt. Man erreicht Carmel, wo man unbedingt einen Zwischenstopp einlegen sollte. Das reizende Strandörtchen ist eine einzige Sehenswürdigkeit, einigen eifrigen Zeitschriftenlesern bisher aber vielleicht nur ein Begriff, weil hier »Dirty Harry« Clint Eastwood zum Bürgermeister gewählt wurde. Als Residenz zahlreicher Künstler und Schauspieler atmet man hier an jeder Ecke das Flair der Bohème, besonders aber auf der Ocean Avenue, wo sich romantische Restaurants, Galerien und elegante Boutiquen wie Perlen an einer Schnur aufreihen. Nach Carmel erreicht man das Naturschutzgebiet Point Lobos, das aber noch lange nicht der Höhepunkt ist. Machen Sie sich auf, das Hinterland zu entdecken. Hier

befinden Sie sich inmitten einer ungezügelten, völlig ursprünglichen Natur, meist alleine mit sich, dem Wind und dem azurblauen Himmel. Tauchen Sie ein in die pinienbedeckten Carmel Highlands, die vom Yankee Point im Süden und von Point Lobos im Norden eingerahmt werden. Rauh, wild, zerklüftet, grandios und unangetastet erscheint einem diese Welt, spitze Felsen und knorrige, windzerzauste Bäume ragen wie Knochenfinger in den Himmel. Hier spürt der Betrachter und Wanderer, wie erholsam ein Aufenthalt in »jungfräulicher«, von Menschenhand kaum berührter Natur ist: labend, erhebend und nicht zuletzt tief beeindruckend. Beste Reisezeit: Mai bis September.

Kraft aus dem Berg der Götter und Geister

Er ist längst zum Symbol des fünften Kontinents geworden: der Ayers Rock, ein Relikt der Urzeit, der in der Mitte des menschenarmen Kontinents emporragt. 600 Millionen Jahre alt und von Mythen umwoben. Uluru (»Kieselstein«) nennen die Aborigines, die Ureinwohner, die heilige Stätte, das »rote Herz von Australien«. Am Fuß des steinernen Buckels befinden sich zahlreiche Höhlen und Nischen, die teilweise mit Felszeichnungen versehen sind. Ohne Zweifel fanden hier immer rituelle Handlungen und Zeremonien, Geisterbeschwörungen und Götteranbetungen statt. Tatsächlich verspürt man rings um den Ayers Rock eine gewaltige Kraft, die einen aus dem Erdinneren erreicht. Unvergeßlich ist der Anblick des Kolosses, wenn er mit dem Weg der Sonne sprühender Mittelpunkt eines phantastischen Farbenspiels wird: Von fast Schwefelgelb wechselt er über Orange und Tiefrot bis zu einem leuchtenden Purpurviolett – anregender kann kein anderes Licht auf Körper, Geist und Seele sein.

Am Fuße des Felsens entspringen aber auch die »Maggie Springs«, ganzjährig wasserführende Quellen, die als solche schon eine Seltenheit in der Wüste darstellen. Den Aborigines gelten sie als heilig. Wohl nicht nur, weil sie lebenspendendes Naß für Mensch und Tier in dieser kargen Landschaft sind. Wer in sich gehen und meditieren möchte, neue Kraft schöpfen und Energie tanken will, der sollte sich in der Nähe solch einer Quelle niederlassen und den Geist des Wassers und der Erde in sich aufnehmen.

Erdzeichen

Die Zeichen Stier, Jungfrau und Steinbock der Erdtrilogie ziehen das gemäßigte Klima vor. Sinnlich und saftig mag es der Stier, fruchtbar und gepflegt die Jungfrau, karg und herausfordernd der Steinbock.

Reiseziele für den Stier

Saftig, grün und sinnlich

Ein echter Stier braucht immer etwas länger, ehe er sich an einem fremden Ort »heimisch« fühlt. Doch hat es ihm irgendwo gefallen, kehrt er – treu, wie er ist – immer wieder dorthin zurück. Saftig muß die Stier-Landschaft sein, fruchtig und grün. Und wenn dann auch noch für Gaumenfreuden gesorgt ist, dann kann es sein, daß er sein Herz in der Fremde verliert ...

Wales

Es war Juni, als ich das erste Mal nach Wales kam. Morgens weckte ein unvergleichliches Licht die Natur, und während meiner Fahrten durch das Land hatte ich mehr als einmal den Verdacht, daß ein Gnom hinter einen Baum huschte oder eine Elfe auf einem Hügel mit den Sonnenstrahlen tanzte. Wales, die Halbinsel im Westen Groß-Britanniens, das Land der Burgen, Abteien, der Klöster und der Dichter. Wales, das grüne, saftige Land, dessen keltische Vergangenheit auch Jahrhunderte nach der Unterwerfung durch die Engländer auf Schritt und Tritt wahrnehmbar ist.

Wales, das ist ein Landstrich voller Geschichte, voller Sagen und Geheimnisse, die aufgespürt werden wollen. Kraftorte gibt es hier genügend: die Ruinen der Tintern Abbey nahe Monmouth, die 1133 von den Zisterziensern gegründet wurde; St. David's, eine auf einer Halbinsel gelegene Siedlung, die als Pilgerstadt bekannt war. Hier sollte man für die prächtige spätnormannische Kathedrale viel Zeit einplanen und die Ruhe und Ausstrahlung auf sich wirken lassen. Entdecken Sie Carmarthen, den Geburtsort des keltischen Magiers Merlin; besuchen Sie die Burg Carreg Cennen (nahe Llandeilo), die auf einer 100 Meter hohen Klippe (hier vereinen sich wieder Erd- und Wasserenergie) steht und einen unvergleichlichen Ausblick auf den Nationalpark von Brecon Beacon bietet. Genießen Sie die Ruhe in den historischen Gärten von Powis Castle und den Duft der Vergangenheit in der mächtigen Burgruine von Caenarfon ... Der Platz reicht bei weitem nicht aus, um all die Sehenswürdigkeiten zu beschreiben, die Wales bietet. Fragen Sie auch die Einheimischen nach interessanten Ausflugszielen. Lassen Sie sich Sagen erzählen (die Waliser lieben es, bei einem guten Ale Geschichten zu erzählen), und spüren Sie ihnen nach. Gönnen Sie sich für die Burgbesichti-

Wales – grünes, saftiges Land. Das Land der Burgen, der Abteien, der Klöster und der Dichter. Wer hierher kommt, darf die Pilgerstadt St. Davids mit ihrer Kathedrale nicht versäumen

gungen viel Zeit, und achten Sie auf die Stimmung, die Sie dort in den Gemäuern umfängt. Beste Reisezeit: Juni bis September.

Die Provence

Blaublühender, duftender Lavendel soweit das Auge reicht, trutzige Festungen, malerische Aquädukte, sprudelnde Quellen und heilige Kreuzgänge, die nichts von ihrer heilenden Ausstrahlung verloren haben. Die Provence hat viele Gesichter, doch romantisch sind sie alle. Eine Reise in den Süden Frankreichs ist auch immer gleichzeitig eine Kraftreise, denn

dort in der Weite der Camargue, in den Weinbergen von Châteauneuf-du-Pape und am Ufer der Rhone fühlt man sich der Erde ein bißchen mehr verbunden als anderswo. Vielleicht liegt es an dem besonderen Licht, das in der Provence herrscht, vielleicht auch an dem »ersten südlichen Duft«, der einem nach der Reise warm und rein in die Nase steigt. Wer die Provence von einem festen Standort aus erobern möchte, hat die Qual der Wahl. Welche Stadt ist die schönste? Orange mit seinem römischen Theater und dem Triumphbogen? Avignon, die einstige Papstresidenz mit dem wuchtigen Papstpalast und der wunder-

*Blaublühender
Lavendel so-
weit das Auge
reicht, trutzige
Festungen,
malerische
Aquädukte,
verträumte
Naturstein-
gehöfte. In der
Provence wach-
sen der Stier-
Seele Flügel*

vollen Kathedrale Notre-Dame-des-Doms? Arles mit den Resten des von Augustus erbauten Amphitheaters, mit den Ruinen der großen Thermenanlagen Konstantins und – an der Place de la République – der ehemaligen Kathedrale St-Trophime mit ihrem berühmten Kreuzgang (Tip: Suchen Sie diesen Ort in der Abendstimmung auf!)? Oder schließlich Nîmes mit all den römischen Baudenkmälern und dem berühmten Maison Carrée, dem quadratischen Haus, einem Podiumstempel aus der Zeit des Augustus? Wunderschöner Kraftort inmitten der Großstadt: Der Tempel der Jagdgöttin Diana im zauberhaften Jardin de la Fontaine. Unbedingt besuchen sollte

man St.-Rémy-de-Provence, den Geburtsort des großen Sehers Nostradamus, das Ausgrabungsgelände von Galnum und das Kloster St-Paul-de-Mausole, Les-Saintes-Maries-de-la-Mer, den Wallfahrtsort am Mittelmeer mit seiner Kirche aus dem 12. Jahrhundert, die ehemalige Abteikirche in St. Gilles, mit ihren drei Portalen ein Höhepunkt romanischer Skulptur, die Zisterzienserabtei von Sénanque und hier vor allem den gut erhaltenen Kreuzgang, die ehemalige Festung Les Baux am Südhang der Alpilles und schließlich die Kirche der Heiligen Martha in Tarascon. Zu erwähnen sind – für die genießerischen Stiere ganz wichtig – die wunderbaren Kräuter-

und Wochenmärkte in den provenzalischen Orten. Beste Reisezeit: April bis Oktober.

Salzburg und das Salzburger Land

Warum in die Ferne schweifen, wenn das Gute liegt so nah? Die Rede ist von Salzburg und dem umliegenden Land, einem Fleckchen Erde, das vom lieben Gott besonders liebevoll gestaltet und mit einer wahrhaft berauschenden Schönheit ausgestattet wurde. Hier erwarten den Reisenden Kultur satt, italienisches Barock, gemütliche Lokale und Naturschönheiten, die zu jeder Jahreszeit reizvoll sind. Besonders gut geeignet (aber eigentlich viel zu schade dafür) ist die Mozartstadt für eine Wochenendreise von etwa drei Tagen. Was könnte man dann in Sachen »Power« unternehmen? Der wichtigste und für mich stärkste heilige Ort, den Sie aufsuchen

Das ganze Jahr über eine Reise wert: die Mozartstadt Salzburg mit dem umliegenden Salzburger Land. Eine Gegend, die vom lieben Gott besonders prächtig gestaltet wurde

sollten, ist eine kleine, schindelgedeckte Holzkapelle, die auf einem alten Steinfundament steht. Wer sie betritt, muß kein hochsensibler Mensch sein, um die starke Strahlung zu spüren, die von diesem Ort ausgeht. Sie ist wohltuend, manche beschreiben sie als Kribbeln, sie ist mystisch und unglaublich entspannend. Die versteckt liegende Kapelle bei Sankt Koloman ist Sankt Wilhelm geweiht, der als Bauern- und Viehpatron verehrt worden ist. Auf dem Weg zu ihr fallen einem die vielen großen, verstreut liegenden Steine auf. Wer näher hinschaut, entdeckt auf ihnen uralte eingeritzte Symbole und Zeichen, die auf eine Beziehung zur

---

**Glücksorte
für Jupiter im Stier**

Atlanta, Baltimore, Boston, Charleston (West Virginia), Detroit (alle fünf USA), Havanna (Kuba), Houston, Norfolk (Virginia, beide USA), Ottawa (Kanada), Veracruz (Mexiko), Washington D.C. (USA)

Sonne hindeuten ... Lange Jahre war die Wilhelmskapelle vergessen. Nur die Einheimischen kannten sie und die von ihr ausgehende magische Kraft. Heute trifft man hier aber schon mal wieder kleine, spirituell ausgerichtete Gruppen wie auch Einzelreisende, die meditieren und neue Kraft empfangen wollen. Ein weiterer Kraftort liegt mitten in der Stadt: die Kirche St. Peter. Unter ihrer Kuppel herrschen hohe Energie-Vibrationen, die auch von weniger sensiblen Menschen »erspürt« werden. Vorsicht: Wer sich hier unwohl oder aufgewühlt fühlt, sollte den Platz bald wieder verlassen und sich in einen entfernteren Teil der Kirche zurückziehen, an dem weniger hohe Energie-Konzentrationen herrschen. Interessant ist auch, die Wirkung des Domes und der mystisch-dunklen Franziskanerkirche auf sich zu erforschen (und zu erleben). Allerdings sollte man sich dafür eine Tageszeit aussuchen, an der nicht hunderte anderer Besucher die Gotteshäuser »stürmen«. Wer dem städtischen und touristischen Trubel mal entgehen möchte, könnte eine Wanderung Richtung Mönchsberg unternehmen, einen der beiden Hausberge, die mitten in der Stadt aufragen. Wählen Sie den Spaziergang vom Nonntal aus, denn dieser Weg ist der am wenigsten begangene und führt vorbei an der Erhardkirche und mit Efeu und wildem Wein bewachsenen Hauswänden. Oben liegt das Stift Nonnberg, das älteste Frauenkloster nördlich der Alpen. Hier kann man wahrlich Luft holen, die Stille und den Frieden genießen, auftanken und den Blick schweifen lassen über das südliche Salzburg hinaus ins Salzachtal und zum Tennen- und Hagengebirge hin. Beste Reisezeit: das ganze Jahr über.

Der Bodensee

Die Droste-Hülshoff ist da gewesen und schwärmte von ihm, Hölderlin, Hermann Hesse, Scheffel, auch Mörike. Viele Dichter setzten ihm verbale Denkmäler und fingen in großen Worten ein, was seinen eigentlichen Reiz ausmacht: sein mediterraner Charme! Die Spuren menschlicher Besiedlung der herrlichen Landschaften rund um den Bodensee gehen bis ins Jahr 12 000 v. Chr. zurück. Heute verbindet der See gleich drei Staaten: Deutschland, die Schweiz und Österreich. Doch mit dem Grenzverlauf im See nimmt man es nicht so genau. Und das paßt irgendwie zu dieser Gegend, in der ein wunderbares, ja fast südliches Klima herrscht. Wer den See – nach dem Genfer See und dem Plattensee ist er der drittgrößte Mitteleuropas – umrundet, sollte neben

Städten wie Lindau, Konstanz, Arbon, Meersburg, Radolfszell und Salem folgende Ziele auf jeden Fall ansteuern bzw. erwandern: die romantische Marienschlucht bei Allensbach, die Wallfahrtskirche St. Maria in Birnau, die Martinskapelle und die Pfarrkirche St. Gallus in Bregenz, den 1064 Meter hohen Bregenzer Hausberg Pfänder (zu Fuß oder per Seilbahn erreichbar), von dem aus man den herrlichsten Blick über den See hat und die wunderbarsten Sonnenuntergänge genießen kann. Bemerkenswert ist das 44 Hektar große Blumenparadies von Graf Lennart Bernadotte: die Insel Mainau. Besuchen Sie die Insel an einem Werktag frühmorgens oder abends, dann haben Sie die zauberhaften Gärten rund um das barocke

Schloß fast ganz für sich alleine. Auf der anderen Insel im See, der Reichenau, erwarten den Besucher Zeugen der christlichen Vergangenheit: das Marienmünster, die Stiftskirche St. Georg und die Stiftskirche St. Peter und Paul. Beim Stopp in Überlingen darf der Besuch des botanischen Gartens mit der größten Kakteen-Freianlage Deutschlands nicht fehlen. Reisezeit: Frühjahr und Spätsommer, am besten an Werktagen außerhalb der Schulferien.

Florenz

Man nennt sie die »Schöne am Arno«. Doch auf den ersten Blick wirkt Florenz erstaunlich kühl und abweisend. Die Liebe zu dieser Stadt muß man

Man nennt sie die »Schöne am Arno«. Doch auf den ersten Blick wirkt Florenz kühl und abweisend. Die Liebe zu dieser Stadt muß man sich erarbeiten – und dann läßt sie einen nicht mehr los

sich langsam erarbeiten, doch dann läßt sie einen nicht mehr los – und man kommt immer wieder zurück in die Metropole der romantischen, sinnlichen und fruchtbaren Toskana. Und tatsächlich: die Prachtbauten, die Palazzi, die Kirchen, die Türme, ja selbst die Kuppeln wirken irgendwie herrisch, allzu geometrisch und schroff. Doch wer den Blick verweilen läßt und sich in die oft winzigen Details vertieft, der erkennt darin die wahre Schönheit der einzigartigen Architektur. Für jeden, der sich auch nur ein bißchen für Kultur und Geschichte interessiert, ist eine Reise nach Florenz ein kleines Muß. Namen wie Michelangelo, Leonardo da Vinci, Brunelleschi, Botticelli, Galileo, Machiavelli

und Petrarca vereinen sich hier, werden zur Schau gestellt in den fast zwanzig Museen, den viele Kirchen und Klöstern und den vier großen Bibliotheken. Man sollte die Stadt unbedingt mit einem guten Reiseführer in der Hand erkunden. Nur das stellt sicher, daß man auch wirklich alles sieht, was einen interessiert. Und je nach Qualität führt er einen auch mal an Orte, die vom üblichen Touristenbetrieb mehr oder weniger verschont geblieben sind oder kraftspendende Energien besitzen. So zum Beispiel die Kirche S. Ambrogio, die der Legende nach 1320 Schauplatz eines Wunders war: Dort soll Meßwein in Blut verwandelt worden sein. Als wundertätig wird auch das Verkündungsfresko in der 700 Jahre alten Kirche SS. Annunziata angesehen. Zu der Madonna betet, wer Gnade, Kraft oder Erlösung sucht. Die Piazza SS. Annunziata ist übrigens der harmonischste Platz der Stadt und sollte zum »Luftholen« und Ausruhen genutzt werden. Vor den Besuchermassen gerettet wird der Vasari-Gang, einst Geheimgang, heute phänomenale Kunstgalerie. Er öffnet seine unscheinbare Pforte zwischen den Eingängen von Michelangelo- und Veronese-Saal nur dem, der sich zuvor in der Direktion der Uffizien an-

gemeldet hat. Die Abende in Florenz sollte man mit einem Besuch der Piazzale Michelangelo beginnen, die hoch über Florenz einen herrlichen Blick auf die Stadt und das Arno-Tal freigibt. Hier trifft sich abends die Stadtbevölkerung zum Reden, Lustwandeln, Ausspannen, zum Sehen und Gesehenwerden, zum Kennenlernen oder einfach nur zum Genießen der Aussicht. Ein herrliches Treiben, das jedem Italien-Fan das Herz öffnen wird. Beste Reisezeit: Frühsommer bis Herbst.

Die Externsteine: Hier finden Sie zu sich selbst!

Wer sich überfordert fühlt, meint, die Verbindung zur Natur und ihren Rhythmen verloren zu haben, wer sich entwurzelt, kraftlos oder ausgelaugt glaubt, der sollte einmal den Genius loci der Externsteine im Teutoburger Wald bei Horn in der Nähe von Detmold in sich aufnehmen. Jeder der sieben großen und drei kleineren Steine, aber auch die alten und seltsam gewachsenen Eichen in der Umgebung haben eine eigene Persönlichkeit und eine starke Ausstrahlung. Höhepunkt für viele ist das Steingrab unterhalb des ersten Felsens. Wer sich hineinlegt, wird energetisch aufgeladen, fühlt sich geerdet und eins mit der Natur. Viele, die sich hier zu einer kurzen Ruhe betteten, berichteten danach von einem starken Kribbeln, ja sogar von außerkörperlichen Erfahrungen und Visionen. Manche Forscher glauben, daß unsere Ahnen ein sowohl mathematisches als auch astronomisches und kosmisches Wissen besaßen. Verbindet man nämlich auf einer Karte die Externsteine, die Cheops-Pyramide und Salvage auf den Kanarischen Inseln (für viele der Rest von Atlantis), erhält man ein gleichschenkliges Dreieck mit dem klassischen 52-Grad-Winkel der Cheops-Pyramide. Dieses Maß ist wiederum in der Höhenkapelle, dem Steinsarg und in die Verbindung mit anderen Kultplätzen in der Umgebung eingebaut. Zufall? Ein Zufall auch, daß die Externsteine auf einer der Winkelspitzen liegen?

Reiseziele für die Jungfrau

Lieblich, mild und fruchtbar

Alte Tierkreissymbole zeigen die Jungfrau oft mit einer Weizenähre in der Hand – ein Hinweis auf die Erntezeit, in die sie hineingeboren wird. Ein Symbol aber auch für den eigentlichen Wesenszug dieses Zeichens: Schaffenskraft, Fleiß, unermüdlicher Einsatz – oft für andere. In vielen, vielen Horoskopanalysen habe ich immer wieder festgestellt, daß stark jungfraubetonte Menschen zwar auch gerne in heiße, ewigsonnige Urlaubsgegenden reisen, doch wirklich erholsam ist für sie der Aufenthalt in gemäßigten, fruchtbaren Gegenden, in denen zwar Touristen vertreten, aber nicht die Haupteinnahmequelle sind. Jungfrauen zieht es an Orte, wo gearbeitet wird, wo die Menschen Handel treiben oder das Land bewirtschaften.

Flandern

Für Kurzreisen geradezu ideal sind die beiden flanderschen Städte Brügge und Gent, moderne Handelsstädte, die sich aber in ihren Altstädten ein erholsames und romantisches mittelalterliches Flair erhalten haben. Brügge, die Hauptstadt Westflanderns, ist berühmt für seine Grachten, von denen aus man die herrlichsten und verträumtesten Winkel, die stolzesten Fassaden und die beeindruckendsten Gebäude der Altstadt entdecken kann. Eine wunderbare Einstimmung für jeden Besucher, auch eine, während derer Geist und Seele abschalten und sich den kommenden Eindrücken öffnen können. Besuchen Sie die Hl. Bloedbasiliek (Heilig-Blut-Basilika), die ihren Namen einem Blutstropfen Christi verdankt, den Dietrich von Elsaß im 12. Jahrhundert aus dem Heiligen Land hierher gebracht haben soll. Die Basilika ist zweigeschossig und strahlt eine intensive Ruhe aus, der man sich einige Zeit hingeben sollte. Ebenso der Chor der Liebfrauenkirche (Onze Lieve Vrouwekerk). Hier steht die berühmte »Brügger Madonna« von Michelangelo, hier hängen zahlrei-che Kunstschätze von Anthonius van Dyck, Adriaen Isenbrant, Pieter Pourbous und Gerard David. Wunderbar: die gotische Salvatorkirche, die seit 1834 als Kathedrale des damals errichteten Bistums Brügge dient. Weitere Sehenswürdigkeiten: das Hans-Memling-Museum mit Werken des berühmtesten Brügger Malers, der im 15. Jahrhundert lebte, das Groeminge-Museum mit seiner Sammlung altflämischer Malerei des

14. und 15. Jahrhunderts und schließlich der Beginenhof, eine Art »Frauenhaus« aus dem 13. Jahrhundet. Hier lebten einst ledige Frauen in einer Gemeinschaft zusammen. In Führungen wird die Lebensweise der »Beginen« dargestellt. Heute bewohnen Dominikanerinnen den Hof, der höchst romantisch an einer der Grachten liegt. Gent ist die Hauptstadt Ostflanderns und Zentrum der belgischen Textilindustrie und des Gartenbaus. Bereits im 12. Jahrhundert war Gent wegen seiner Tücher berühmt und ein blühender, reicher Handelsort. Die Pracht ist erhalten geblieben, besonders in der Graslei, dem Hafenkai mit seinen Zunft- und Stapelhäusern aus dem 12. bis 15. Jahrhundert. Hier reihen sich romanische, gotische und Renaissance-Elemente aneinander, und man weiß nicht, welches der Gebäude denn nun eigentlich das schönste ist: das »Haus der freien Schiffer«? Der Kornspeicher? Das »Haus der Maurer« oder das »Kornmesserhaus«? Den Nordwestteil der Altstadt überragen die Türme von 's-Gravensteen, der wehrhaften Wasserburg aus dem 12. Jahrhundert. Beim Bummel durch die

Brügge, die Hauptstadt Westflanderns, ist berühmt für seine Grachten. Von ihnen aus kann man die herrlichsten und verträumtesten Winkel, die stolzesten Fassaden und die beeindruckendsten Gebäude entdecken

herrlichen Gassen der Altstadt werden Sie viele schöne Ecken und Winkel entdecken. Besonders beeindruckend ist aber sicherlich die St.-Bavo-Kathedrale (Sint-Baafskathedraal) mit dem weltberühmten »Genter Altar«, der von den Brüdern Hubert und Jan van Eyck geschaffen worden ist. Darüber hinaus hängen hier eine Fülle von weiteren Kunstschätzen, die schon alleine für einen längeren Aufenthalt in diesem Gotteshaus sorgen. Atmen Sie die Stille, lassen Sie Ihrer Seele Flügel wachsen. Setzen Sie sich, und lassen Sie die einmalige Atmosphäre und das beeindruckende Ambiente auf sich wirken. Denken Sie einmal nicht an Ihre Pflichten, sondern geben Sie sich der Ausstrahlung hin, die Sie in dieser Stadt und besonders an diesem heiligen Ort mit neuer Kraft und Energie auflädt. Übrigens: Das leibliche Wohl kommt in beiden Städten sicherlich nicht zu kurz! Die belgische Küche gilt unter Kennern als die beste der Welt.

**Glücksorte
für Jupiter in der Jungfrau**

Adelaide (Australien), Helsinki (Finnland), Isfahan (Iran), Maskat (Oman), Mekka (Saudi-Arabien), Melbourne (Australien), Osaka (Japan), Riga (Lettland), Seoul (Südkorea), Täbris (Iran), Tiflis (Georgien), Tokio (Japan)

Selbst in einfachen Lokalen ißt man hervorragend. Und denken Sie daran, Ihren Lieben von den wundervollen Pralinen mitzubringen, die vor allem in Brüssel hergestellt werden. Beste Reisezeit: Frühsommer, Sommer und Spätsommer.

Das Loire-Tal

Die traumhaftesten Gärten, bunte Obst- und Gemüsemärkte, eine grüne, fruchtbare Landschaft und dazwischen wie Perlen an einer Schnur unzählige Schlösser – eines schöner als das andere. Wer eine Fahrt durch das wunderbare französische Loire-Tal unternimmt, kommt sicherlich als ein anderer zurück: nämlich berauscht von den Eindrücken, losgelöst von der Routine, gefangen von der Schönheit des »Gartens Frankreichs«, in dem die Könige wie Götter residierten. Sicherlich die spektakulärste Residenz war das Schloß Chambord östlich von Blois, ein architektonisches Meisterwerk, dessen Grundstein 1519 von Franz I. gelegt und das 150 Jahre später von Ludwig XIV. vollendet wurde. 440 Zimmer und Säle, 800 Türme und 400 Kamine zählt der Prunkbau, der inmitten eines riesigen Jagdgebietes liegt. In Blois bestaunt man das Königsschloß aus dem 13. Jahrhundert, in Chenonceaux das Wasserschloß aus

dem 16. Jahrhundert, in Chinon (hier trafen sich Karl VII. und Jeanne d'Arc) die Festungsruine, das Château-du-Milieu und das Château du Coudray, in Saumur die Kirchen Saint-Pierre und Notre-Dame und in Fontevrault die romanische Abteikirche aus dem 12. Jahrhundert, in der die englischen Könige Heinrich II. und Richard Löwenherz die letzte Ruhe fanden. Lassen Sie sich viel Zeit für die zauberhaften Gärten der Schlösser, insbesondere für die von Vaux-le-Vincomte und Villandry. Ein Tip für alle technisch Interessierten: In Amboise, dem Alterssitz von Leonardo da Vinci, liegt nicht nur eines der schönsten Schlösser der Loire, sondern auch das Leonardo-da-Vinci-Museum, in dem Flugmaschinen und technische Geräte gezeigt werden, die das Genie vor fast fünfhundert Jahren entwickelte. Naturfreunden wie den Jungfrauen möchte ich noch empfehlen, das Tal per Fahrrad (eigenes mitbringen oder über das Fremdenverkehrsbüro des Ausgangsortes mieten) zu entdecken. Beste Reisemonate: Mai, September, Oktober.

Die Emìlia-Romagna

Bologna, Ferrara, Parma und Piacenza – Städte mit großen Namen, die nicht nur Italienliebhaber kennen. Doch wissen Sie auch, wie die Region heißt,

Die traumhaftesten Gärten, eine grüne und fruchtbare Landschaft und dazwischen – wie Perlen an einer Schnur – unzählige Schlösser wie das wundervolle Chenonceaux: Wer das Loire-Tal bereist, kommt losgelöst und berauscht von den Eindrücken zurück

in die sie eingebettet sind? Es ist die Emìlia-Romagna, ein herrlich gelegener Landstrich zwischen Apennin, Po und Adriatischer Küste. Der Name allein zergeht auf der Zunge, ebenso wie das Obst und der Wein, die in der Ebene angebaut werden und die Emìlia-Romagna zum »Früchtekorb« des Landes machen. Sie zählt zu den reichsten Regionen des Stiefellandes. Und für mich auch zu den romantischsten. Wer jemals im lichten Frühnebel an einem der herrlichen Landsitze im bewaldeten südlichen Bergland vorübergefahren ist, wer sich in der Mittagssonne im saftigen Gras ausgestreckt und den Himmel betrachtet hat, der hier ein bißchen blauer als

woanders zu sein scheint, wer in einer der Tavernen zum Parmaschinken einen erdigen Wein aus der Gegend getrunken und dem Palaver der italienischen Senioren gelauscht hat, der spürt mit Leib und Seele, was es heißt, einmal so richtig abzuschalten und zu vergessen, was einen früh genug wieder einholt: den Alltag. Nehmen Sie sich in der Emìlia-Romagna neben den Besichtigungen von Bologna, von Parma und Piacenza, vielleicht von Ferrara und Mòdena vor allem viel Zeit für Überlandfahrten. Halten Sie hier und dort an, schlendern Sie durch die kleinen Ortschaften links und rechts Ihres Weges. Lassen Sie die liebliche Landschaft auf sich wirken, die einen ganz eigenen Charme ausübt. Vielleicht überkommt Sie hier ja der Wunsch zu malen? Romantische Ecken gibt es genug. Man muß nur seine Augen öffnen – und sein Herz. Dann strömt auch aus den sonst eher zurückhaltenden Jungfrauen das, was sie sonst sehr geschickt verbergen: ihren großen Sinn für Romantik. Beste Reisezeit: Frühjahr und Herbst.

Das Münsterland

Vor etwa 20000 Jahren trampelten hier, wie der Fund eines mächtigen Skeletts bei Ahlen beweist, riesige Mammuts kleine »Pättkes« (Pfade) in die Landschaft. Sie dürften die »Vorgänger« jener Wege sein, die noch heute das Münsterland wie Adern durchziehen und den Spaziergänger (und immer mehr Radfahrer) durch die typische parkartige Landschaft an die idyllischen Ufer von winzigen Bächen und sprudelnden Flüssen führen, hin zu trutzigen Wasserburgen, romantischen Herrensitzen, einsamen Einzelhöfen und schließlich in kleinere und größere Orte wie Münster, Ahlen, Coesfeld, Bocholt, Rheine, Gütersloh, Werl, Warendorf und Bad Waldliesborn. Eine Fahrt durch das Münsterland könnte eine reizende Burgenreise werden, stehen doch im westlichen Teil des Münsterlandes

zahlreiche Wasserburgen und Schlösser, beeindruckende Herrensitze und historische Einzelhöfe. Vielleicht wandeln Sie aber auch auf den Spuren von Annette von Droste-Hülshoff (1797-1848), einem Kind dieses Landstrichs, die in ihren »Heidebildern« und in den »Bildern von Westfalen« eindringlich die Heiden und Moore der westfälischen Tieflandsbucht beschrieben hat. Wählen Sie kleinere Hotels und Pensionen für Ihren Aufenthalt, und suchen Sie Kontakt zu den Einheimischen. Lassen Sie sich (besonders rund um Gronau) Sagen und Geschichten aus der Heide und dem Moor erzählen, fragen Sie in den Fremdenverkehrsbüros oder in Heimatmuseen nach, und suchen Sie die Orte auf, die als »unheimlich« oder

Ist bekannt für seine zahlreichen Wasserburgen und Schlösser: das Münsterland. Hier, im Schloß Hülshoff, erblickte die Dichterin Annette von Droste-Hülshoff das Licht der Welt

»heilbringend« bezeichnet werden. Vielleicht entdecken Sie ja schon bald einen ganz eigenen, persönlichen Kraftort, der nur Ihnen ganz allein »gehört«.

Bali

Machen wir nun einen großen Sprung über die Weltmeere hin nach Bali, der Insel der Tempel und der Tänze, Inbegriff tropischer Schönheit mit den berühmten Reisterrassen, den Palmenwäldern und dem als heilig geltenden zehn Hektar großen Wald aus Mus-

Bali, Insel der Tempel und der Tänze, Inbegriff tropischer Schönheit. Kraftsuchende finden auf kleinstem Raum unzählige Kultplätze mit einer starken heilenden Wirkung

katnußbäumen. Bali ist ein immerblühender Garten, in dem zwei Reisernten pro Jahr die Regel sind. Doch ist es nicht die Natur allein, die die westlichste der kleinen Sunda-Inseln für Reisende so interessant macht. Es sind auch die über 20 000 Tempelanlagen und Heiligtümer, die Reisende anziehen. Besonders Kraftsuchende, denn hier gibt es auf kleinstem Raum unzählige Kultplätze mit einer starken, heilenden Wirkung auf Körper, Geist und Seele. Es wäre schade, würde man seinen Bali-Urlaub auf reine Badeferien beschränken. Besonders Jungfrauen möchte ich eine Kombination aus beidem empfehlen: dem Baden im Meer, aber auch in den Schwingungen von Plätzen wie zum Beispiel der »Elefantengrotte« Goa Gajah bei Bedulu. Das ist ein gewaltiger ausgehöhlter Felsblock, in dessen Außenwände Tier-, Mensch- und Natursymbole eingemeißelt sind. Sie ranken sich um ein riesiges Dämonenhaupt, das als Kopf des Sohnes der Mutter Erde gedeutet wird. Sein Schlund ist der Eingang zu der Kulthöhle. In ihr finden sich zahlreiche Nischen, die mit Felszeichnungen geschmückt sind. Hier lebten früher vermutlich Einsiedler. Wer die Grotte besucht, sollte sich in solch einer Nische niederlassen und versuchen, Kontakt zur Mutter Erde aufzuneh-

Epidauros:
Wo die Seele Heilung findet ...

Es waren wohl die Griechen, die als erste erkannt haben, daß jeder Krankheit eine Erkrankung der Seele zugrunde liegt. So erbauten Sie vor 3 000 Jahren im griechischen Epidauros eine gigantische Anlage mit Krankenhäusern, Bädern, Behandlungsstätten und Unterkünften für die Heilsuchenden. Nach der Ankunft wurde der Patient in den Tempel des Asklepios (bei den Römern später Äskulap) geführt, wo er die erste Nacht verbringen mußte. Der Traum, den Asklepios ihm schickte, wurde von den antiken Priester-»Psychologen« gedeutet. Er verriet ihnen die Krankheit der Seele – und die geeignete Behandlungsmethode. Wer heute die Anlage von Epidauros betritt, spürt sofort, wie gut einem Kranken diese Umgebung bekommen muß. Die Ruinen strahlen noch immer eine gewaltige Kraft und Ruhe aus, die sich auf jeden überträgt, der sich in ihnen aufhält. Es ist ratsam, sie in den frühen Vormittagsstunden oder abends aufzusuchen, wenn sich hier nur wenige Menschen befinden.

men. In diesem »Bauch« fällt dies nicht schwer, und die Erdung hat eine wohltuende Wirkung auf Geist und Seele. Etwa 20 Kilometer nördlich von Klungkung liegt am Südwesthang des heiligen Vulkan-Berges Gunung Agung der heiligste Tempel Balis, der Pura Besakih. Dieser »Muttertempel« aller Tempel ist über 1 000 Jahre alt, wurde 1963 allerdings bei einem Ausbruch des Vulkans beschädigt. Trotzdem hat der Ort nichts von seiner magischen Ausstrahlung eingebüßt. Der schönste und größte Tempel der Insel liegt nördlich des Dörfchens Bangli. Der Pura Kehen wurde im 13. Jahrhundert als Terrassenanlage erbaut und besticht durch die kunstvoll geschmückte Untermauerung. Vielbesuchter Ort für (indonesische) Wallfahrer ist Tampaksiring, wo heilige Quellen aus der Erde sprudeln. Wie eine Inschrift besagt, finden hier seit über 1 000 Jahren zeremonielle Waschungen statt. Lassen auch Sie das Wasser und die Stimmung an diesem Ort auf sich wirken. Lassen Sie Sorgen, dunkle Gedanken und Ängste mit den abperlenden Tropfen in der Erde zurück. Nicht weit entfernt, südlich von Tampaksiring, liegen die pyramidenförmigen (!) Begräbnistürme von Gunung Kawi, um die sich bis zu sieben Meter hohe, aus Fels gemeißelte Rundbögen scharen. Auch an dieser Kultstätte aus dem 11. Jahrhundert herrscht eine friedliche und zugleich erhebende Stimmung, die man auf sich wirken lassen sollte. Beste Reisezeit: Mitte April bis Mitte September.

Reiseziele für den Steinbock

Herb, kühn und gerne auch gediegen elegant

Der Steinbock wählt nicht den Weg des geringsten Widerstandes. Ihn schreckt das Unmögliche nicht. Nein, er stellt sich den rauhen Seiten des Lebens und strebt danach, den Gipfel zu erreichen. Würdevoll, aber unnachgiebig. Und ebenso sieht das Reiseziel aus, an dem der Steinbock neue Kraft schöpft und seine Energiereserven auftankt.

La Paz und der Titicacasee

Sie ist die höchstgelegene Großstadt der Welt und trotz ihrer 1,2 Millionen Einwohner eher karg in ihrem Äußeren: die bolivianische Hauptstadt La Paz. Aus der Kolonialzeit ist leider wenig erhalten geblieben, und doch bekommt man in der Altstadt rund um die Plaza Murillo einen Eindruck vom indianischen Leben: Über mehrere Straßen hinweg erstrecken sich dort die farbenprächtigen Indiomärkte, auf denen kunstgewerbliche Waren, Ponchos, Decken, Silberschmuck und Instrumente feilgeboten werden. Sehenswert sind außerdem die Kathedrale und die verschiedenen Kirchen, der Präsidentenpalast und das Freilichtmuseum (Museo Arqueológico al Aire Libre) mit den schönsten Steinkolossen aus der alten Tempelstadt Tiahuanaco. Darunter unter anderem die beiden Monolithe, die einst das Tor des Sonnentempels flankierten. Geologisch wie auch historisch interessant ist das nähere und weitere Umland, weswegen sich La Paz als pulsierender Ausgangspunkt für vielerlei Exkursionen anbietet: Da wäre zunächst einmal das Valle de la Luna, das Tal des Mondes, das sich entlang des La-Paz-Flusses windet – eine skurriles Szenario aus rötlichem und grauem Gestein. Wind und Regen haben aus ihm die seltsamsten Gebilde geformt, die dem Tal schließlich seinen treffenden Namen gaben. Wie in einer Mondlandschaft stehen da Zacken, kantige Wände, pilzähnliche Gebilde und Felsblöcke, die an Häuser erinnern. Aus der ganzen Welt reisen Kletterfans hierher, um ihr Können unter Beweis zu stellen. Über eine Fläche von 450000 Quadratmetern zieht sich das Ruinenfeld von Tiahuanaco, eines der berühmtesten Südamerikas. Das Zentrum der Kultstätte stammt aus der Zeit um 200 v. Chr. Leider wurde der Ort über viele Jahrhunderte hinweg als eine Art »Steinbruch« mißbraucht. Doch befin-

den sich dort noch immer Statuen, Monolithe, das Sonnentor und Quader. Der Titicacasee ist der größte Binnensee Südamerikas und das »heilige Meer der Inkas«. Kultstätten und Kraftorte sind hier die Mondinsel (Isla de la Luna) mit ihrem »Palast der Sonnenjungfrauen« und die Sonneninsel (Isla del Sol) mit ihren vielen Ruinen. Erhalten sind Überreste des Sonnentempels, des Klosters und des Pilcocayma-Palastes. Heiligster Ort der Insel ist der im Nordwesten gelegene Felsen Titibala, in dessen Innerem sich eine mit Gold und Silber ausgekleidete Höhle befand. Heute allerdings ist von der früheren Pracht nichts mehr zu

sehen. Und doch geht von dem Felsen eine starke Kraft aus, die seine ehemalige Bedeutung als Kult- und Zeremonienstätte deutlich werden läßt. Beste Reisezeit: Mai bis Oktober.

Korsika

Darf es ein bißchen Süden sein? Mediterrane Romantik? Ausgestattet mit allen Attributen, die man einer Steinbock-Landschaft zuschreibt, liegt die französische Insel Korsika im Mittelmeer, etwa 180 Kilometer von der Küste des Mutterlandes Frankreich entfernt: Sie ist gebirgig, zerklüftet, schroff, mal kühn, mal karg, mal

Sie ist die höchstgelegene Großstadt der Welt, und in ihrem Herzen pulsiert noch immer indianisches Leben: die bolivianische Hauptstadt La Paz

den 2000er-Gipfeln und den An-höhen, die der Insel ihr gebirgiges Aussehen verleihen. Ein Bilderbuchort ist Bonifacio an der äußersten Süd-spitze der Insel, dessen romantische Altstadt auf einem 60 Meter hohen Kalkfelsen thront. Einen berühmten Sohn brachte der Kur- und Badeort Ajaccio hervor: Napoleon I. erblickte hier das Licht der Welt. Man kann dort sein Geburtshaus besichtigen, aber auch die Zitadelle und die Kathe-drale aus dem 16. Jahrhundert sowie das Palias Fesch mit seiner Gemälde-sammlung sind sehenswert. Nahe Valle-di-Campoloro steht die Kirche Saint-Christine, deren Ursprünge bis ins 9. Jahrhundert zurückgehen. Er-staunlich in ihr ist die reich mit Fres-ken geschmückte Zwillingsapsis. Eine prähistorische Stätte aus dem 2. Jahr-tausend vor Christus ist Filitosa. Zeu-gen der frühen Besiedlung sind hier erhabene Menhire und Reste eines Dörfchens. Beliebter Ferienort auf Korsika ist das von Sandstränden ge-säumte Calvi an der Nordwestspitze. Sehenswert in dem Seebad sind vor allem die Zitadelle aus dem 15. Jahr-hundert und das Oratorium Saint-An-toine mit religösen Kunstschätzen. Wer nach Strand und Tagesausflügen entspannen möchte, der sollte der Kir-che Saint-Jean-Baptiste einen abendli-chen Besuch abstatten. Hier findet

Mediterrane Romantik, mal kühn und karg, mal fruchtbar und sanft: Korsika, die ideale Steinbock-Landschaft

fruchtbar. Immer aber seltsam liebens-wert, auch dann (oder vielleicht ge-rade dann), wenn man die Bade-strände verläßt und ins Hinterland fährt. Zu den kleinen Gebirgsörtchen, die sich in Talmulden schmiegen, zu den Dörfern, die an Felswänden hän-gen, zu den ausgedehnten Kiefern-, Buchen- und Kastanienwäldern, zu

man Stille, Besinnung und Entspannung, und man kann in erhebender Umgebung das Erlebte Revue passieren lassen. Beste Reisezeit: zur Frühjahrsblüte von April bis Juni.

Die Bretagne

Wind, Sand und Meer, Klippen, bizarre Steilküsten, zerzaustes Land. Und über allem die rauhe Brise des Atlantiks: Die Bretagne ist eines der beliebtesten Reisegebiete Frankreichs. Ihr wahres Gesicht enthüllt sie allerdings nicht in den Seebädern, den Touristenzentren La Baule, Belle Ile, Saint-Malo und Vannes, sondern im Hinterland: In der Einsamkeit der Wald- und Heideflächen und der wilden Felslandschaften der Nordküste eröffnet sich dem Gast ein fast schwermütiger Landstrich. Und ein eigenwilliger mit eigenwilligen Bewohnern.

**Glücksorte
für Jupiter im Steinbock**

Algier (Algerien), Barcelona, Bilbao (beide Spanien), Bordeaux (Frankreich), Casablanca (Marokko), Durban (Südafrika), Entebbe (Uganda), Lissabon, Porto (beide Portugal), Sevilla, Valencia (beide Spanien), Windhuk (Namibia)

Noch heute pflegen die Bretonen ihre eigene Sprache und ihre traditionellen Bräuche, die oft bis in die Vorzeit zurückreichen. Bretonen sind zurückhaltend. Brummig nennen sie die einen, stolz die anderen. Doch wenn man in einem der Dörfer oder einer der kleinen Städte Quartier bezieht und den Kontakt sucht, dann entdeckt man schnell den weichen Kern unter der rauhen Schale. Erinnert Sie das vielleicht an Ihr eigenes Zeichen? Die Bretagne ist ein historischer Landstrich, seit Jahrtausenden besiedelt. Und die Spuren der bretonischen Vorfahren finden sich überall. Magisch, geheimnisvoll und noch immer nicht enträtselt sind die gewaltigen Steinreihen von Carnac. Sage und schreibe 2934 Menhire von bis zu 20 Metern Höhe ziehen sich in dichtgedrängten Reihen über das Land. Der Sage nach handelt es sich bei den vor etwa 4000 bis 5000 Jahren aufgestellten Steinen um eine verzauberte Legion. Zur Sonnwendfeier pilgern Anhänger des New Age hierher. Den größten der Steine werden erotische Energien nachgesagt: Ein Besuch bei Vollmond soll die sexuelle Kraft stärken.

Ein weiteres Rätsel ist der Große Zerbrochene Menhir (Grand Menhir) von Locmariaquer. Er wog ursprünglich 382 Tonnen. Um ihn an Ort und Stelle zu schleppen und aufzurichten, be-

Lange vor dem
Bau des Gottes-
hauses war der
Mont Saint-
Michel bereits
eine Kultstätte
der Kelten und
der Römer

nötigte man vermutlich die Muskelkraft von mehreren tausend Männern. Man geht davon aus, daß er als eine Art »Visierstein« für astronomische Beobachtungen diente, die in einer riesigen Megalithanlage an der Bucht Morbihan vorgenommen wurden. Heute liegt er inmitten der Heidelandschaft. Man sollte sich ein wenig Zeit nehmen, wenn man ihn besucht. Hier herrscht eine wunderbare Stille. Und Ehrfurcht packt einen, wenn man

sich vorstellt, daß steinzeitliche Menschenhände diesen Koloß einst aufgerichtet haben. Eine weitere Legende erzählt von einem Traum, den der Bischof Aubert von Avranches im Jahr 708 hatte: Ihm erschien der Erzengel Michael und befahl, auf einem Granitberg, der damals Mont-Tombe hieß, eine Wallfahrtskapelle zu errichten. Aus dem Traum erwacht, machte sich der Bischof auf den Weg zu dem Berg. Genau an der genannten Stelle ent-

deckte er eine Grotte! Er ließ eine Basilika bauen, die er dem Heiligen Michael weihte. Kaum war der Bau beendet, verschlang eine Sturmflut den umliegenden Wald – und schnitt den Granitberg mit der Basilika vom Festland ab. Der Mont Saint-Michel zwischen der bretonischen Küste und dem Vorstrandgebiet der Normandie war entstanden. Doch schon lange vor dem Bau des Gotteshauses war der Granitkegel, der unvermittelt aus der Landschaft ragte, eine Kultstätte: Kelten und Römer vollzogen dort kultische Handlungen, später bewohnten christliche Einsiedler diesen Flecken. Bis ins 18. Jahrhundert hinein bevölkerten Mönche den stetig weiterbebauten Berg, der sich unter dem Abt Robert de Torigni zu einem Zentrum der Gelehrsamkeit entwickelte. 1791 vertrieben allerdings Revolutionstruppen die Mönche und verwandelten den Mont in einen einzigen düsteren und furchteinflößenden Kerker. Eine Besonderheit des Mont Saint-Michel: Er ist der Anfang (oder je nach Betrachtung das Ende) einer sogenannten Leyline. Das ist ein voller Lebenskraft pulsierender Meridian, der meist schnurgerade durch die Landschaft läuft und eine große Zahl von alten Kirchen und Kultplätzen miteinander verbindet. Steinsetzungen (in Form von Megalithen oder anderen Bauten)

können seine Kraft und seine positiven Schwingungen transformieren und wahrnehmbar machen. Interessant ist nun, daß auf der Leyline, die vom Mont Saint-Michel ausgeht, die meisten Michaels-Kirchen liegen. Und zwar quer durch Europa. Beste Reisezeit: Juni bis September.

Madrid

Eine typische Steinbock-Stadt ist Madrid, die Hauptstadt Spaniens und nicht nur kultureller und wirtschaftlicher, sondern auch geographischer Mittelpunkt der Iberischen Halbinsel. Madrid thront auf der kastilischen Hochebene und hatte bis Mitte der 70er Jahre einen eher provinziellen Charakter. Nach dem Tode Francos aber entwickelte sich die Stadt rasch zu einer eleganten, mondänen Weltstadt, in der Kunst, Musik und Mode eine große Rolle spielen – und oft genug auch entsprechende Trends gesetzt werden. Wer gerne Städtereisen unternimmt, sollte diese Stadt nicht auslassen, denn der besondere Charme dieser Metropole liegt in ihrer Vielfalt und Widersprüchlichkeit. Zum einen erinnern die Prachtbauten an den Glanz und Ruhm des alten Spaniens, zum anderen weisen die Prachtstraßen und ultramodernen Bauten unseres Wirtschaftszeitalters eindeutig

Eine typische Steinbock-Stadt ist Madrid.

Nicht nur Hauptstadt Spaniens sowie kultureller und wirtschaftlicher Mittelpunkt, sondern auch geographisches Zentrum

in die Zukunft. Das Madrid unserer Tage ist ein Schmelztiegel, aber einer, in dem sich noch immer und überall das romantische Herz der Spanier finden läßt. Die »Madrileños«, die Einheimischen, sind stolz. Und ebenso stolz sind die Sehenswürdigkeiten, an denen man vorbeiflaniert. Da ist die Gran Vía, die die Plaza de España mit der Calle de Alcala verbindet. Hier residieren die Banken und Versicherungsgesellschaften. Hier laden aber auch noble Geschäfte, Kinopaläste, Bars und Restaurants zu einem Bummel ein. Die »teuerste« Straße ist die

Calle Serrano mit den elegantesten Boutiquen und den besten Juwelieren der Stadt. Da ist natürlich das weltberühmte Museo del Prado, kurz Prado genannt. Einfach traumhaft und sicherlich eine bleibende Erinnerung ist der Palacio Real, der Königspalast, dessen Einrichtung mehr als prunkvoll ist. Etwa 50 Räume sind zur Besichtigung freigegeben. Der älteste Platz der Stadt ist die Plaza de la Villa. Hier befindet sich unter anderem das Rathaus aus dem Jahr 1644 und wunderbare, herrschaftliche Adelshäuser. Eines der Wahrzeichen von Madrid ist der Kybe-

Bergheiligtum in den Dolomiten

Vor der gewaltigen Kulisse der Lienzer Dolomiten baut sich nahe des österreichischen
Agunt, auf der anderen Seite des Drautals, eine Kirche in bewaldeter Höhe auf:
die Ulrichskirche, die im 18. Jahrhundert auf den Überresten einer gotischen Kirche
errichtet wurde. Sie beherbergt ein wundertätiges Gnadenbild, das Hirten einst in
einem nahen Gebüsch gefunden haben. Frauen, vor allem Mütter, huldigen der
»Himmelskönigin«. Die schmucke Kirche selbst ist mit ihrem spitzen Turm weithin
sichtbar und ein beliebtes »Dolomiten-Motiv«. Der Ort um das Kirchlein ist aber noch
viel mehr: nämlich einer der bedeutendsten religiös-kultischen Plätze Österreichs!
Hinauf folgt man einem Kreuzweg, und wer sich mit der Geschichte dieses Ortes nicht
auskennt, der wundert sich, oben angekommen, vielleicht über die steinernen Überreste
nur ein paar Meter unterhalb des Gotteshauses: Dort stehen von Gras überwucherte,
aber gut sichtbare Mauern, behauene Säulen ragen empor und kennzeichnen den Ort
als eine frühgeschichtliche Kultstätte. Es heißt, hier hätten Mysterienkulte
stattgefunden. Tatsächlich geht von dem Platz eine seltsam beruhigende, ja fast
erhebende und befreiende Atmosphäre aus. Ich empfehle besonders unruhigen, sehr
gestreßten oder von Sorgen geplagten Menschen einen Besuch der Ulrichskirche und
des archäologischen Fundortes. Etwas oberhalb der Kirche, auf der höchsten Erhebung
des Hügels, steht die Peter-und-Paul-Kapelle. Ebenfalls ein wunderbarer Kraftort,
den schon unsere Urahnen kannten: Das Fundament der Kapelle
ist ein kelto-römischer Tempel!

lebrunnen: In seiner »Wanne« steht eine Marmorfigur, die die kleinasiatische Naturgöttin Kybele darstellt. Sie gilt als die »Mutter allen Lebens«. Etwa 50 Kilometer nordwestlich von Madrid liegt San Lorenzo de El Escorial, ein enormes Klosterschloß, das durch seine fast nackte Schlichtheit beeindruckt. Der fast düster und abweisend wirkende Granitkoloß, erbaut von Felipe II., schwört jeglicher Ornamentik ab und strahlt eine büßerische Strenge aus – ein Symbol des Spanien der Habsburger. Abends sollte man in Madrid eines der rustikalen Lokale aufsuchen, wo das »alte Spanien« weiterlebt. Jenes, das selbst in den Herzen der modernen jungen Madrileños noch immer ein kleines oder größeres Eckchen ausmacht. Beste Reisezeit: Frühsommer und September/Oktober.

Luftzeichen

Zwillinge, Waage und Wassermann sind Luftzeichen und demnach immer in Bewegung. Doch während es den Zwilling in die Weltmetropolen und die Waage in ästhetische Gartenlandschaften zieht, schöpft der Wassermann Kraft aus bizarren, unwirklichen Gegenden.

Reiseziele für den Zwilling

Städtisch, aufregend und voller Leben

Immer auf Achse, immer in Bewegung. Bloß kein Stillstand. Da, wo was los ist, ist der typische Zwilling mit von der Partie. Seine Kraft schöpft er aus Orten, an denen Tag und Nacht das Leben pulsiert. In der Einsamkeit kann er zwar auch entspannen, doch wirklich beflügelnd wirkt auf seinen lebenshungrigen Geist das Tempo einer am liebsten multikulturellen Großstadt.

Los Angeles

Als wir Los Angeles anflogen, war es Nacht. Unter uns breitete sich ein Lichtermeer aus, das uns wie ein funkelnder Diamant aus der Dunkelheit entgegenleuchtete. Wie lange dauerte der Anflug? Zwanzig Minuten, dreißig Minuten, vierzig Minuten? Er erschien mir wie eine Ewigkeit – und der Lichterteppich unter uns unendlich, grenzenlos. Grenzenlos, das richtige Wort für diese gigantische Metropole, in der Menschen aus allen Teilen der Welt nebeneinanderleben und in der der amerikanische Traum Wirklichkeit wurde. Go West – wie schon früher die Abenteurer in den goldenen Westen zogen, so übt er auch heute noch eine nicht zu beschreibende Faszination aus. Und sie gipfelt hier, in dieser Stadt, in der hinter den Studiotüren Hollywoods noch immer Träume gemacht und auf Zelluloid gebannt werden. Diese Stadt zu erforschen ist ein Abenteuer so recht nach dem Geschmack der Zwillinge, für die Stillstand und Langeweile Fremdworte sind. Sie schöpfen Kraft aus der Bewegung. Sowohl aus der geistigen als auch aus der körperlichen. Ansteuern sollten Zwillinge-Reisende (am besten mit dem Mietwagen) den Farmers Market, den weltbrühmten Sunset Boulevard, auch bekannt unter dem Namen »The Strip«, den Rodeo Drive, das Wilshire Past Wittern Theatre, das am Meer gelegene Malibu, das Paul Getty Museum und – für Zwillinge besonders empfehlenswert – das MOCA (Museum of Contemporary Art), das erst 1986 errichtet wurde und zeitgenössische Malerei und Skulptur zeigt. Beverly Hills, die reichste und eleganteste Vorstadt, ist Wohnsitz von unzähligen Hollywood-Stars, Filmproduzenten, Star-Anwälten und Schönheitschirurgen – diese Gegend besucht man am besten mit einem Führer. Es gibt einige Busunternehmen, die sich darauf spezialisiert haben. Fragen Sie

in Ihrem Hotel nach. Und schließlich Hollywood. Hier dürfte es einem Zwillinge-Geborenen am besten gefallen. In Hollywood brodelt das Leben, hier sieht man schon mal einen Weltstar über die Straße bummeln, hier treffen sich die Schönen und Reichen zum Shopping in den exklusivsten Geschäften, hier wird man in den Cafés von den schönsten Frauen und den attraktivsten Männern bedient. Mehr als die Hälfte davon hoffen auf eine Filmkarriere, darauf, entdeckt zu werden ... Empfehlenswert ist die Tour durch die Universal-Studios: ein gigantischer Vergnügungspark mit Stunt-Shows, Special-Effect-Shows und reichlich Nervenkitzel. Ein Muß für jeden, der

Hollywood besucht: das 1927 erbaute Man's Chinese Theatre, in dem traditionell die neuen Filme Premiere haben und vor dem sich zahllose Stars per Autogramm oder Handabdruck verewigt haben. Etwa 50 Kilometer südöstlich von L.A. liegt Disneyland, die kleinere Version des Disneyworld in Florida. Der Park ist in sieben zauberhafte Themengebiete eingeteilt, die kleine wie große Herzen höher schlagen lassen. Beste Reisezeit: ganzjährig.

Singapur

Am Fluß entlang, dort wo noch vor dreißig Jahren Sumpf war, erstreckt sich eine atemberaubende Skyline aus

»Als wir Los Angeles anflogen, war es Nacht. Unter uns breitete sich ein endloses Lichtermeer aus, das uns wie ein funkelnder Diamant aus der Dunkelheit engegenleuchtete ...«

75

Singapur gehört zu den modernsten Großstädten der Welt. Und doch finden sich zwischen High Tech und Glasfassaden auch noch Erinnerungen an das »alte« China

Stahl, Beton und Glas. Sie reckt sich dem Himmel entgegen und verwandelt sich abends in eine funkelnde Wand aus Millionen Lichtern. In den alten »Shophouses« in der Kreta Ayer Road, früher einmal einfache, zweistöckige Laden- und Wohnhäuser, residieren heute Top-Architekten, Werbeagenturen und Star-Anwälte. Die U-Bahn ist die modernste (und wohl auch sauberste!) der Welt, und bald sollen nur noch Elektro-Autos erlaubt sein. Singapur gehört zu den sichersten Großstädten der Welt – und zu den modernsten. Während man sich in anderen asiatischen Großstädten nur mit einem Taschentuch vor der Nase vor dem Smog schützen kann, läßt es sich in Singapur frei durchatmen. Singapur ist die sauberste von allen und grüner als die meisten anderen Städte der Welt. Und was gibt's in

diesem Stadtstaat zu sehen? Zunächst die Arab Street (heißt auch Kampong Glam). Hier pulsiert das Herz der muslimischen Gemeinde Singapurs. Kleine Läden vermitteln eine typische Basarstimmung, in der Sultan-Moschee treffen sich die Gläubigen zum Gebet. Ein Muß für Bonsai-Freunde (oder solche, die es hier werden können): der chinesische Garten im Stadtteil Jurong. Der Garten ist mit seinen Teichen, Tempeln und Pavillons im Stil der über tausend Jahre alten Sung-Dynastie gehalten. In der Tang Dynasty City wird der Besucher ins China des 7. Jahrhunderts zurückversetzt. Größte Attraktion des Viertels ist aber sicherlich der Jurong Bird Park, in dem 7000 Vögel leben. Nervenkitzel gibt's im Crocodile Park mit seinen über 250 Panzerechsen. Zu einem Fest der Sinne wird ein Spaziergang durch das indische Viertel Little India mit seinen Girlanden, Düften und farbenfrohen Saris. Besuchen Sie dort die Hindu-Tempel Sri Veerama Kali Amman und Sri Vrinivasa Parumal. Atemberaubend: der von unzähligen Glühlampen beleuchtete Buddha im Thai-Tempel Sakya Muni Buddha in der Race Course Road. Ein Stück wahres, altes Singapur versteckt sich zwischen zwei Kaufhäusern in der Emerald Hill Road. Hier stehen alte, sorgfältig restaurierte Häuser vom Beginn des Jahrhunderts und auch ein kleines Museum. Höhepunkt einer Südost-Asien-Reise ist meiner Ansicht nach eine Zugfahrt mit dem Eastern & Oriental Express von Singapur nach Bangkok. Nicht nur für die interessierten Zwillinge ein Erlebnis der besonderen Art. Diese Fahrt ist eine Reise in die koloniale Vergangenheit. Beste Reisezeit für Singapur: April bis Oktober.

Per Luxuszug nach Bangkok

Ein einmaliges, unvergeßliches Erlebnis ist die Zugreise von der Weltstadt Singapur nach Bangkok: in dem famosen Eastern & Oriental Express. Er ist kein Zug, sondern ein rollender Mythos, ein Traum für jeden Romantiker, auch einer für die Zwillinge, die immer wieder auf der Suche nach etwas Neuem sind. Nun, neu ist der Zug nicht, sondern vielmehr ein Relikt aus längst vergangenen Kolonialzei-

ten. Liebevoll restauriert und luxuriös bis in den allerletzten Winkel hinein: Drei Speisesäle, eine Bibliothek, zwei Bars (mit Piano-Spieler) im Stil des pompösen Art déco, holzvertäfelte Abteile mit eigenem Bad, WC und voll-klimatisiert ruckeln, fauchen und schnaufen mit 70 Stundenkilometern durch dampfende Regenwälder, vorbei an riesigen Kokospalmen, Tempeln, winzigen Dörfern, in denen die Zeit stehen geblieben ist. 1943 Kilometer führt die Reise durch atemberaubende Landschaften, zwei Nächte und ein-einhalb Tage dauert sie. Man weiß nicht, was man mehr genießen soll: den Luxus, der einen auf Schritt und Tritt verfolgt und alle Sinne ver-wöhnt? Oder das Asien, das draußen an einem vorbeifliegt? Frühzeitige Kartenreservierung ist notwendig. Zu-steigen kann man auch in der malay-sischen Hauptstadt Kuala Lumpur und in Butterworth, ebenfalls Malaysia.

Bangkok

Von den rund 25000 Tempeln in Thailand stehen die 400 schönsten in Bangkok und der benachbarten Schwesterstadt Thonburi. Niemand schafft es, auch nur annähernd die Hälfte dieser Prachtbauten mit ihrer faszinierenden Ausstrahlung während seines Aufenthalts zu besichtigen. Es

---

**Glücksorte
für Jupiter in Zwillinge**

St. Louis, Chicago, Dallas (alle drei USA), Damaskus (Syrien), Denver (USA), Nairobi (Kenia), Oklahoma City, Phoenix (beide USA), Quebec (Kanada), Recife (Brasilien), Santa Fe (USA), Winnipeg (Kanada)

sich Obst und Gemüse, Türme von Stoffballen, überall ein überwältigendes Angebot an Blumen, es gibt Goldfische zu kaufen wie auch Schildkröten, Papageien, Zierfische, Kampfhähne, Gewürze, Spielzeug, Antiquitäten, Textilien. Dem Besucher steigen aus den unzähligen Garküchen immer neue Gerüche in die Nase. Und überall überwältigt einen die Farbenpracht des Angebots. Doch bevor man sich überhaupt in das Getümmel stürzt, sollte man dem Lak Muang einen Besuch abstatten. Der Lak Muang neben dem Verteidigungsministerium ist der geweihte Mittelpunkt der Innenstadt, eine mit Blattgold beklebte Säule. In ihr wohnt dem Glauben nach der Schutzgeist der Stadt, der Chao Por. Verweilen Sie dort ein wenig, und legen Sie eine Opfergabe nieder. Das schützt vor Unglück und Krankheit jeder Art, bringt Glück, inneren Frieden und – dem, der es möchte – auch Kindersegen. Besonders farbenfroh und beeindruckend: die berühmten schwimmenden Märkte in Thonburi. Doch sollte man nicht nur diese Touristenattraktion aufsuchen, sondern auch das Wat Arun, den »Tempel der Dämmerung«. Sein zentraler, 86 Meter hoher Prang (Turm) mit seiner Außenschicht aus glasierter Keramik und chinesischen Porzellanstücken reflektiert auf einzigartige Weise die

Ein Eldorado für Fotofreunde: Bangkok. Fernöstlich und westlich zugleich, laut und doch friedlich, abstoßend und anziehend. Der 6-Millionen-Moloch raubt sogar Zwillingen den Atem

schafft auch kaum jemand, das Flair dieser Millionenstadt mit wenigen Worten treffend zu beschreiben. Weil sie einfach zu viele Gesichter hat. Sie ist fernöstlich und westlich zugleich, sie ist laut und doch auch friedlich, sie ist abstoßend und anziehend, sie ist einladend, aber schwer zu begreifen. Bangkok ist eine Welt voller Spannung und Gegensätze. Eine, die sogar den welterfahrenen, weitgereisten Zwillingen den Atem raubt. Ein Moloch mit fast sechs Millionen Menschen, einem nicht mehr überschaubaren Verkehrsgewühl, einem babylonischen Sprachgewirr. Eine Metropole, deren Märkte wahre Eldorados für Hobbyfotografen sind: Dort stapeln

Morgenröte und den Sonnenuntergang. Ein unvergleichliches Zusammenspiel von Licht und Farben. Wer sich in Chinatown, dem chinesischen Viertel, abseits der großen und überfüllten Straßen in die engen Gassen begibt, fühlt sich sehr schnell in eine völlig andere Welt versetzt. Hier wird gehandelt und gefeilscht, hier köcheln in den Garküchen die exotischsten Gerichte, hier sieht man die gesamte Palette asiatischer Früchte, in den Hinterhöfen findet man tausend Fotomotive. Und das Allerschönste: Kaum ein Tourist verläuft sich hierher! Kein Bangkok-Besuch ohne nicht am Erawan-Schrein ein Räucherstäbchen entzündet zu haben. Auch hier trifft Altes auf Neues: Die Pilgerstätte, die dem Fruchtbarkeits-Gott der Hindus geweiht ist, befindet sich nicht weit entfernt von einem der modernsten und elegantesten Einkaufsvierteln der Stadt. Bangkok, ein Schmelztiegel. Eine Herausforderung. Eine Liebe auf den zweiten Blick. Und ein Reiseziel, das Zwillinge sicherlich nicht nur einmal in seinen Bann zieht. Beste Reisezeit: November bis Ende Februar.

Palma de Mallorca

Nein, jetzt bitte nicht aufstöhnen und an die Millionen von Urlaubern denken, die die »Isla de la Calma«, die Insel der Ruhe, Jahr für Jahr auf-

Individualisten wie die Zwillinge besuchen Mallorca im Frühling. Wählen Sie Palma (hier: der Yachthafen) als Hauptstandort, von dem aus Sie die Insel erkunden

schrecken und aus der Idylle reißen. Sie ist es nämlich immer noch: idyllisch, zauberhaft, romantisch. Zumindest dann, wenn sich die Besucherfluten noch in Grenzen halten. Klar, Zwillinge lieben den Trubel, das tobende Leben, doch sollten auch sie eher mal eine Nebensaison als Reisezeit wählen, um die Schönheiten der Insel zu entdecken und zu genießen. Schließlich sind Zwillinge nicht nur Lebemenschen, sondern auch Individualisten. Und diese kommen im Frühjahr. Dann ist man »unter sich«. Wer den heimatlichen trübkalten Wintertagen entflieht und hierher fliegt, den erwarten Blumenmeere, milde 18 Grad und durchschnittlich sieben Stunden Sonnenschein am Tag. Wählen Sie Palma als Hauptstandort, von dem aus Sie die Insel erkunden. Doch zunächst geht es zur Kathedrale La Seu, eines der schönsten Monumente des Christentums. Verweilen Sie dort im Chor, lassen Sie die himmlische Ruhe auf Ihren regen Geist wirken. Spüren Sie, wie Sie sich entspannen? Wie Sie sich langsam vom Alltagsstreß lösen, der Ihnen sicherlich noch in den Adern pulst? Abschalten, heißt es jetzt, durch die Gassen der Altstadt bummeln, die Jugendstil- und Art-déco-Gebäude, die stillen Patios und die stolzen Bürgerhäuser bewundern. Nach ein paar Tagen in der Stadt

sollten Sie sich den Rest der Insel vornehmen: Da wäre die verträumte Künstlerkolonie Deia, die Sie allerdings nur erreichen, wenn Sie das einzige Hinweisschild nach Valldemossa finden. Im Frühjahr strahlt der Schauplatz des »Hotel Paradies« eine wohltuende Ruhe aus! Fahren Sie durch Olivenhaine nach Son Marroig, dem ehemaligen Landsitz des österreichischen Erzherzogs Ludwig Salvator. Er ist heute Museum, von der Terrasse hat man einen malerischen Blick auf die Küste. Ein Traummotiv für Hobbymaler! Hinter Sa Pobla wird das Land zum Meer hin flach. Hier stehen die berühmten Windmühlen, die viele Sommertouristen nur aus den Reiseprospekten kennen. Wer Stadt- und Finca-Urlaub kombinieren möchte, der sollte sich in dieser Gegend ein weiteres Quartier buchen. Rund um das Städtchen Pollensa gibt es eine ganze Reihe von schnuckelig renovierten Landhäuschen. Fragen Sie nach der »La Vinya de los Freiles«, wie der Name schon sagt ein Weingut, das früher von Mönchen bewirtschaftet wurde. Zahlreiche Gebetsnischen sind die stummen Zeugen der einstigen fleißigen und ebenso frommen Bewohner. Sicherlich ein Ort, um einen Power-Urlaub wohlig und besinnlich ausklingen zu lassen. Beste Reisezeit: das Frühjahr.

Ein hölzerner Phallus schenkt Fruchtbarkeit und Lust

Zwillinge sind die Meister des Flirts, der Eroberung. Doch klagen ausgerechnet viele dieser Luftzeichen über mangelnde sexuelle Lust oder über fehlende Gefühlstiefe. Vermutlich deshalb, weil sie eher Kopfmenschen sind und ihr reger Geist nur selten wirklich »abschalten« kann. Ihnen will ich einen besonderen Kraftort empfehlen: den Tempel von Nagoya (Japan). Nagoya ist ein kleiner Ort auf der Halbinsel Honshu, die zwischen Tokio und Osaka liegt. Etwas außerhalb entdeckten Mönche im Mittelalter einen Kraftort, dessen Energie offenbar direkt ins Sexualzentrum desjenigen strömt, der hier verweilt. Die Mönche errichteten einen Tempel und in ihm einen großen hölzernen Phallus als Symbol der hier herrschenden Kraft. Männer jeden Alters und aus aller Herren Länder pilgern hierher, um ihre Potenz zu stärken. Frauen, die den Phallus streicheln, wird erhöhte Orgasmusfähigkeit und Fruchtbarkeit versprochen. Jüngste Untersuchungen durch japanische Sexualwissenschaftler haben übrigens ergeben, daß »es« tatsächlich funktioniert. Warum, wissen sie allerdings auch nicht. Das bleibt das Geheimnis dieses Ortes ...

Reiseziele für die Waage

Musisch, ästhetisch und farbenfroh

Die Waage gehört zu den musischsten und kulturell interessiertesten Zeichen. Sie liebt eine ästhetische Umgebung, braucht Licht und Farben, um sich an einem Ort wohl zu fühlen. Grau in Grau – das ist nichts für dieses romantische Zeichen. Sie entdeckt und legt Wert auf winzige Details, die sie gekonnt ins rechte Licht rückt. So etwa könnte man auch die Landschaftsform beschreiben, in der dieses Luftzeichen Kraft, Stärke und neue Energie schöpft: ästhetisch, von Menschenhand kunstvoll arrangiert, duftend, licht und farbenfroh. Wo sonst als in wunderbaren Gartenanlagen könnte sich dieses Sternzeichen also besser erholen?

Die Côte d'Azur

Als ein einziger, riesiger Garten erschien mir immer die Côte d'Azur, die französische Riviera mit dem mondänen Nizza als »Mittelpunkt«. Nehmen Sie diese Stadt mit ihrem malerischen alten Kern, dem einzigartigen Blumenmarkt, der Kathedrale, der Thermenanlage, dem Chagall- und dem Matisse-Museum als Ausgangspunkt für Ausflüge entlang der »Blauen Küste«, und baden Sie in ihrem berühmten, einzigartigen Licht. Genießen Sie auf Ihren Fahrten auf der kleinen »Basse Corniche« (unterste Küstenstraße) die Millionen von Blüten, die rechts und links des Weges aus wildromantischen Gärten herausblitzen und die Luft mit ihrem – besonders im Sommer – narkotischen Duft erfüllen. Wer Picassos Kunst mag, der sollte Antibes ansteuern. Dort ist in der mittelalterlichen Seefestung der Grimaldis das Picasso-Museum eingerichtet, das mit vielen Werken des großartigen Meisters aufwartet. Über Juan-les-Pins erreichen Sie (immer am Meer entlang) das Töpferstädtchen Vallauris, in dem Picasso lange Jahre lebte und wirkte. Seine »Spuren« hat er auch hier hinterlassen: Er malte dort die Schloßkapelle aus. Eine weitere, von berühmter Hand bemalte Kapelle finden Sie in Vence: Matisse verewigte sich in der hübschen Chapelle du Rosaire. Über Mandelieu erreichen Sie Fréjus im Estérel-Massiv. Gönnen Sie sich für den Kathedralbezirk mit seinem Kreuzgang und dem frühchristlichen Baptisterium etwas Zeit, um sich der herrschenden Stimmung hinzugeben. In Menton gilt das gleiche für die St. Michel-Kirche in

der herrlichen Altstadt. In ihr herrscht eine erhebende Stimmung, die jeden ergreift, der sich längere Zeit dort aufhält. Mondän und elegant gestaltet mit ihren großen Palmen und den Luxushotels ist in Cannes die faszinierende Strandpromenade, der Boulevard de la Croisette. Doch sollten Cannes-Besucher auch unbedingt eine Fahrt auf die winzige Klosterinsel Saint-Honorat unternehmen, die bereits im 4. Jahrhundert christianisiert wurde. Oberhalb von Nizza verläuft die »Grande Corniche«, eine der schönsten Straßen Europas. Von ihr aus hat man atemberaubende Ausblicke über die Küste und die bezaubernden Orte. Folgen Sie ihr nach Monaco, und besuchen Sie dort den exotischen Garten rund um den Fürstenpalast. Beste Reisezeit: Frühjahr, Frühsommer, September.

Wie ein einziger riesiger blühender Garten erscheint mir stets die Côte d'Azur, die französische Riviera mit dem mondänen Cannes als »Mittelpunkt«

Die Gärten Englands

Vergessen Sie bitte all die Filme, in denen nichts als Nebelschwaden um düstere Schlösser herumwabern, in

Romantisch und ganz nach dem Geschmack der Waage: Stratford-upon-Avon, dessen berühmtester Bürger Shakespeare war

denen der Wind an die Fenster peitscht und der Regen Alltag ist. England im Sommer ist ein wundervolles Erlebnis: sonnig, blumig und hell! Den Waagen möchte ich eine Reise zu den schönsten und gleichzeitig romantischsten Plätzen Englands empfehlen: zu den prächtigsten Schloßparkanlagen, den farbenfrohesten Gärten und den mächtigsten Burgen. Beginnen Sie Ihre Reise am besten in London. So können Sie beides kombinieren: das weltstädtische, multikulturelle Flair dieser Metropole mit ihrem großen, baulichen Erbe und später dann – nach dem Großstadttrubel – die Romantik der Schlösser und deren manchmal fast tropischen Gärten. Etwa 80 Kilometer entfernt von London liegt Leeds Castle, das sich auf zwei kleinen Inseln in der Mitte eines Sees befindet. Es gilt zu Recht als eines

der schönsten Schlösser Englands, doch das wirklich beeindruckendste daran ist sicherlich die 200 Hektar große Parkanlage, zu der auch ein Wassergarten und der Culpeter Garden mit seiner außerordentlichen Blumenvielfalt gehört. Die Attraktionen des »benachbarten« Hever Castle, dem Vaterhaus von Königin Anne Boleyn aus dem 13. Jahrhundert, sind der Irrgarten – und ein Geist, der in den Mauern des Schlosses Nacht für Nacht sein Unwesen treibt. Von Hever Castle aus erreichen Sie die große, alte Universitätsstadt Oxford und schließlich Stratford-upon-Avon, dessen berühmtester Bürger Shakespeare war, mit dem Blenheim Palace und dem von Vanbrugh gestalteten einmaligen Park: Hier wurde ein See aufgestaut, und auch hier gibt es einen Irrgarten. Interessant im Inneren des Palastes: das Geburtszimmer von Winston Churchill. Viel Zeit sollte man für den Shugborough Garden einplanen, einen großen Landschaftspark mit vielen neoklassizistischen Bauwerken. Erstaunlich: der architektonische Garten mit den terrassenförmig angelegten Rasenflächen und dem traumhaft schönen Rosengarten – ein Augenschmauß nicht nur für Rosenliebhaber! Von hier aus geht es weiter nach Chatsworth House and Gardens, wie der Name schon verrät ein Landsitz

mit Garten – und was für einem: Hier plätschern Wasserfälle, es gibt einen Tierpark, eine Orangerie, zahlreiche Brunnen und Blumen, wohin man blickt. Eine blühende Oase mitten im »nebelverhangenen« England! Beschließen könnte man eine Parkrundreise in Arley Hall. Hier steht inmitten wunderschöner Alleen das Schloß im viktorianischen Landhausstil, zu dem auch eine kleine Kapelle gehört. Verweilen Sie in ihr, bevor Sie sich auf einem Spaziergang an der großartigen Pflanzenwelt des »Gardens« erfreuen. Beste Reisezeit: Juni bis September.

Die Toskana

Silbernschimmernde Olivenhaine, stolz aufragende Zypressen, sanft gewellte Hügelketten, dazwischen romantische Gehöfte und Weinberge, die untrennbar mit den zarten Farben der Toskana

---

**Glücksorte
für Jupiter in Waage**

Bangkok (Thailand), Bombay, Dehli (beide Indien), Djakarta (Indonesien), Hongkong, Kalkutta (Indien), Kanton (China), Katmandu (Nepal), Kuala Lumpur (Malaysia), Lahore (Indien), Madras (Indien), Manila (Philippinen), Perth (Australien), Shanghai (China), Taipeh (Taiwan)

---

verbunden sind. Hierher, in diesen Landstrich, pilgern Aquarellisten und Ölmaler. Denn an kaum einem anderen Ort reizen die Lichtverhältnisse so sehr, gibt es so viele romantische Motive, solch eine Stille und Einkehr, die einem Maler unweigerlich das Herz öffnen. Auf mich wirkt die Toskana immer wieder sinnlich, festlich, in ihrer Schweigsamkeit doch so mitteilsam. Erholung pur – in dieser Idylle entspannt man sich ganz automatisch. Wenn man auf seinen Spaziergängen den Blick verweilen läßt, um ihn dann schließlich nach innen zu richten und Freundschaft zu schließen mit seiner Seele. Natürlich können Sie ein Hotel in einer der wundervollen toskanischen Städte buchen und von dort aus die Gegend erkunden. Da wären Florenz, Lucca, Pisa, Siena oder San Gimignano. Doch würde ich jemandem, der den landschaftlichen Reiz der Toskana sucht, eher zu einem »Albergo« in einem der kleinen Städtchen raten, von wo aus Sie sowohl zu Fuß als auch per Auto zu Ihren Exkursionen starten. Sehenswert: Von Gaiole (Chianti) aus führt ein wunderschöner Wanderweg durch Weinberge und Wälder zu der romanischen Abteikirche Badia a Coltibuono. Genießen Sie den herrlichen Ausblick über das Arno-Tal und auf die Berge des Pratomagno, lassen Sie sich von der roman-

Wirkt auf die ästhetischen Waagen aufbauend und erholsam: die traumhafte Felderlandschaft der Toskana mit ihren sanften Hügelketten, den romantischen Gehöften und den stolzen Zypressen

tischen Stimmung außerhalb und der erhebenden innerhalb der Kirche fesseln (Wanderzeit hin und zurück: gute fünf Stunden). Von dem kleinen Städtchen Montalcino aus (hier wird der Brunello angebaut, einer des besten und teuersten Rotweine Italiens) führt ein schöner Spazierweg zu der romanischen Kirche Sant'Antimo – ein Traummotiv für Fotografen und Maler, denn sie liegt einsam in einem Tal, umgeben von Feldern, Ginsterbüschen und Olivenhainen. Ein Stück Toskana der ganz besonderen Art! Die Stille und die Ruhe an diesem Ort mag auf die quirligen Zwillinge oder die voranstrebenden Wassermänner fast beängstigend wirken – auf die Waagen aber sicherlich aufbauend und erholsam. Ein Kraftort mit einer intensiven Schwingung, die selbst weniger sensible Besucher bemerken. Die »Postkar-

ten-Toskana« erstreckt sich meiner Ansicht nach rund um den mittelalterlichen Ort San Gimignano, der »Stadt der schönen Türme«: Hier liebkosen die schönsten Zypressen, die sanftesten Hügel, das satteste Grün und die herrlichsten Olivenhaine das Auge des Betrachters. Unvergeßlich dürfte auch für Sie ein Spaziergang frühmorgens sein, wenn Sie miterleben, wie die Sonne die Bodennebel zerreißt und das Land in ein ganz eigentümliches Licht taucht: unwirklich schön, strahlend und kraftschenkend. Beste Reisezeit: Mai bis Oktober.

Neu-England

Zwar teilen sich sechs Staaten (New Hampshire, Maine, Massachusetts, Rhode Island, Vermont und Connecticut) das Land der »Mayflower«-

Erben, doch insgesamt ist Neu-England zusammen »nur« so groß wie Österreich und Portugal. 1620 landete hier bei Plymouth die »Mayflower« – mit all den Menschen an Bord, deren ganze Hoffnung in der neuen Welt lag. Sie besiedelten, bebauten und beackerten das fruchtbare Land, wie sie es aus ihrer britischen Heimat gewohnt waren. Und so wirkt das Land auch heute noch: sehr europäisch, malerisch und voller einzigartiger historischer Bauten. Eine Reise durch Neu-England ist Erholung pur. In New Port (Rhode Island) bestaunt man die Sommerresidenzen der Superreichen, die teilweise sogar der Öffentlichkeit zugänglich sind. Bestechend an diesem Ort ist die Mischung aus neu-eng-

lischer Bodenständigkeit und exklusivem Jachthafen-Ambiente. Eine Stadt, die für Waagen wie geschaffen ist, um zu flanieren, zu staunen, sich zu erholen und zu träumen. Ebenso schön, aber mit einem ganz anderen Flair ausgestattet: Marblehead. Hier stehen unzählige schmucke Kapitänsvillen, die jede für sich ein Augenschmauß ist. Auf der Insel Mount Desert Island liegt der Acadia National Park. 150 Kilometer Wanderwege erschließen ihn dem Besucher, der hier auf kleinem Raum alle Naturschönheiten von Maine findet: wildromantische Küstenabschnitte, tiefblaue Seen, Berge, Nadel- und Laubwälder. Achten Sie hier auf seltsam verwachsene Bäume, auf sprudelnde Quellen! Nahe Stur-

Postkarten-Motive, wohin man schaut. Malerische Ecken, feuerfarbene Blätter im Herbst. Eine Reise durch Neu-England ist Erholung pur

bridge liegt inmitten eines wunderbaren Waldes das Old Sturbridge Village – ein »Museumsdorf«, in dem noch heute Handwerk wie in guter alter Zeit betrieben wird. Auf Traditionen wird hier großen Wert gelegt und dies dem Besucher auch anschaulich demonstriert. Wer Blumen liebt – und das tun eigentlich alle Waagen –, dem möchte ich zu einem Besuch des Elizabeth Parks in Hartford (Connecticut) raten: 900 Rosensorten und 14000 andere Pflanzen sind dort zu bewundern. Eine Pracht, die einmal mehr klar macht, daß in den USA alles ein bißchen größer ist als anderswo! In Salem fand 1692 die legendäre Hexenverfolgung statt. Zeugnis davon legt heute noch das Witch Museum ab. Wer etwas Zeit hat, der sollte sich eine topographische (Wander-)Karte von Salem und der Umgebung kaufen und markierte Plätze, Brunnen, Quellen, auffallende und benannte Fels- oder Steinformationen aufsuchen und sie nach ihrer Ausstrahlung »erforschen«! Beste Reisezeit: Sicherlich der Herbst, wenn sich das Laub verfärbt und das ganze Land in ein einziges Farbenspektakel verwandelt – Indian Summer in seiner schönsten Form.

Notre Dame – Kraftort mitten in Paris

Zwei magnetische Achsen durchqueren die französische Hauptstadt: Die eine, aus dem Burgund kommend, fließt in die Stadt durch die Porte d'Italie und nimmt danach Richtung auf die Normandie. Die andere, die Reims mit Chartres verbindet, durchquert die Stadt über die Porte de Ménilmontant. Bei der Überschneidung dieser beiden Energieströme entsteht eine energetische Wechselwirkung mit einer starken Ausstrahlung. Und an genau dieser Stelle steht die Kathedrale Notre Dame. Wer Paris und hier diese Kathedrale besucht, sollte etwas Zeit und Muße mitbringen, um diese Ausstrahlung auf Körper, Geist und Seele wirken zu lassen. Man fühlt sich nach einem Besuch dieses Ortes frischer, befreiter, leichter und zufriedener. Daß der Ort schon vor der Christianisierung heilig war, beweist übrigens ein Fund unter dem Chor: Dort stand eine Skulptur, die Jupiter geweiht war, dem Gott des Lichts.

Frauenchiemsee

Daß sie schon immer ein Ort mit einer besonderen Ausstrahlung war, bezeugen alleine schon die Spuren der Kelten und Römer, die hier einst weilten. Warum sonst hätten sie sich die Mühe der Überfahrt gemacht, wo doch die bayerische Landschaft um den Chiemsee ebenso schön und reizvoll und

fruchtbar ist? Später, ab dem 9. Jahrhundert, wurde die »Fraueninsel« – wie der Name schon verrät – von christlichen Frauen besiedelt. Es wird vermutet, daß König Ludwig der Deutsche hier das erste Kloster errichtete, und zwar für seine Tochter Irmengard. Reste davon sind ein Torbau und die ehemalige Michaelskapelle, die nördlich des Münsters steht. In seinem Schatten liegt der wohl beeindruckendste Garten Bayerns. Beeindruckend nicht deshalb, weil er gärtnerisch oder künstlerisch so herrlich gestaltet wäre. Nein. Er ist etwas ganz Besonderes, weil er eine überaus starke Wirkung auf den Besucher hat: Hier betritt man einen Ort, der einen unweigerlich in seinen Bann zieht, zur

Besinnung, zur Betrachtung und zur inneren Einkehr einlädt. Nicht weit entfernt, auf dem höchsten Platz der kleinen Insel, steht außerdem eine wohl tausend Jahre alte Linde, die über 30 Meter hoch gen Himmel ragt. Waagen, für die innere wie äußere Harmonie das Lebenselixier ist, sollten unter ihr rasten, sich an sie lehnen, die Augen schließen und sich der Macht des Ortes hingeben. Wer sich entwurzelt fühlt, gestreßt ist, wer unentschieden ist oder kraftlos, der wird sich unter dem Lindenbaum erholen, neue Kraft tanken und dem Alltag etwas zufriedener ins Auge blicken. Ein Ort mit einem ganz eigenen Zauber: harmonisierend, erquickend und belebend. Beste Reisezeit: Frühjahr und Herbst.

Die Insel Frauenchiemsee mit dem Benediktinerinnenkloster und dem freistehenden Glockenturm. Daß die »kleine Schwester« von Herrenchiemsee schon immer ein besonderer Ort war, bezeugen Spuren der Kelten und Römer

Reiseziele für den Wassermann

Bizarr, vom Wind gepeitscht und außergewöhnlich

Ebenso bizarr und »verwinkelt« wie das Wesen des Wassermannes sind auch die Reiseziele, an denen er sich wohl fühlt. Reine Strandurlaube dürften diesen Entdecker und Hobbyforscher kaum befriedigen und sicherlich nicht seinen Wissensdurst stillen, der ihn zeitlebens antreibt und bis ins hohe Alter jung hält. Der Wassermann hält sich gerne an Orten auf, die unwirklich erscheinen – der Zeit voraus oder aber von der Zeit geschaffen. Ihm gefallen außergewöhnliche Strukturen, außergewöhnliche Bauten und Naturphänomene.

Der Norden Irlands

Die Sage erzählt, daß ein schottischer Riese seinen irischen Feind Finn Mac Cool zu einer Kraftprobe herausforderte. Finn MacCool überlegte und rammte daraufhin als Zeichen seiner Kraft riesige Feldsteine in das Meer und teilte es mit diesem steinernen Weg. Die Reste davon befinden sich heute als fünf Kilometer lange Landzunge an der Küste Nordirlands. Ihr Name ergibt sich ganz logisch: Giant's Causeway. Freilich hatte bei dieser geologischen Besonderheit kein Riese seine Hände im Spiel – wenngleich man es sich auch kaum vorstellen kann, daß die Natur solche Formationen hervorzubringen vermag: So weit das Auge reicht überblickt man kilometerlange Reihen von sechs- bis achteckigen Basaltsäulen, die vor der romantischen Küste gen Himmel ragen wie verstummte Orgelpfeifen. Entstanden ist der »Weg« tatsächlich vor etwa 60 Millionen Jahren durch einen Vulkanausbruch. Doch auch mit diesem sachlichen Wissen im Gepäck packt einen auf dem Giant's Causeway eine seltsame Stimmung. Man sollte dort rasten und Wind, Sonne und Meer auf sich wirken lassen, ehe man sich aufmacht, weitere Merkwürdigkeiten der »grünen Insel« aufzuspüren. Dazu gehört zunächst einmal der Steinkreis von Ballynoe, der aus über 50 bis zu 1,80 Meter hohen Menhiren besteht. Bis heute weiß kein Mensch, zu welchem Zweck die frühen Siedler solch einen Kraftakt unternahmen. Sicher ist indes, daß auch innerhalb dieses Kreises eine unglaubliche Ruhe herrscht. Man fühlt sich befreit von Sorgen und Ängsten, fast »schwerelos« und von innen heraus zufrieden. Ganz ähnlich die Stimmung bei den geheimnisvollen janusköpfi-

gen Figuren auf Boa Island. Lehnen Sie sich an eine, und hören Sie in sich hinein, welche Gedanken und Empfindungen Sie dabei überkommen. Ein weiterer frühgeschichtlicher Kultplatz scheint sich auf White Island zu befinden. Ganz in der Nähe der dortigen romanischen Kirche stehen Steinfiguren, die noch heute Rätsel aufgeben. Wer hat sie errichtet, wen oder was sollen Sie darstellen? Sicher ist nur eines: Der Platz war den früheren Bewohnern heilig. Sensible Menschen sprechen von einer starken Schwingung, die an diesem Ort noch heute herrscht. Irland, die grüne Insel mit ihren Mooren, Steilklippen und den lieblichen Seenlandschaften, ihren vielen Sagen und Legenden, den uralten Burgen und Festungen, ist ein wunderbares Reiseziel für Entdecker und Forscher wie die Wassermänner. Wer Körper, Geist und Seele während seines Urlaubs reinigen möchte, der hat im Kloster St. Patrick, das mitten im See Lough Derg liegt, die Möglichkeit dazu. Dort kann man nämlich eine Zelle mieten – allerdings unter der Bedingung, daß man tatsächlich drei Tage bei Brot und Tee durchhält. Fastensaison ist von Juni bis Mitte August. Grundsätzlich empfiehlt es sich,

Die Sage erzählt, daß ein schottischer Riese seinen irischen Feind zu einer Kraftprobe herausforderte. Der rammte daraufhin als Beweis seiner Energie riesige Feldsteine ins Meer: den Giant's Causeway ...

in (Nord-)Irland mit topographischen Karten ausgestattet loszuziehen und das Land auf eigene Faust zu erkunden. Sicherlich reicht ein Urlaub nicht aus, um sich die ganze landschaftliche Schönheit und Vielfalt zu erschließen. Und auch nicht, um den zahllosen Erzählungen aus alter Zeit nachzuspüren, die man beim abendlichen Drink hört. Beste Reisezeit: Juni, Juli und August.

Baja California

Wie gesagt: Nur faul am Strand liegen, das ist nichts für den Wassermann. Er braucht – wie die beiden anderen Luftzeichen Zwillinge und Waage auch – die ständige Bewegung. Und vor allem geistige Anregung. Doch selbst Wassermänner wollen und müssen einmal abschalten – und so bietet sich Baja California an, wo man eine tolle Mischung aus Strandferien und Aktivurlaub haben kann. Die Halbinsel, die sozusagen die natürliche Verlängerung Kaliforniens darstellt und als spitz zulaufende Landzunge in den Pazifik ragt, ist ein recht junges touristisches Kind Mexikos und schon deshalb (noch) Garant für traumhaft schöne, fast unberührte Sandstrände. Hotels gibt es noch nicht im Übermaß, doch die bereits vorhandenen verfügen über einen guten Standard und bieten vor allem ein wunderbares Sportangebot: Segeln, Tauchen, Windsurfen, Tennis und Golfen gehören

dazu. Und nicht zu vergessen das Hochseefischen, das Wassermänner reizen dürfte. Sich einmal wie Ernest Hemingway fühlen! Falls Sie auf seinen Spuren wandeln wollen, darf allerdings »Der alte Mann und das Meer« als Reiselektüre nicht in Ihrem Gepäck fehlen. Doch neben all diesen Aktivitäten lockt noch etwas ganz anderes auf dieser Halbinsel. Nämlich das Hinterland. Zwischen Cabo San Lucas und Santa Rosalia erstreckt sich eine sonnenverbrannte, sandige Landschaft. Hier wachsen übermannshohe Kakteen, niedrige Sträucher und Hartgräser, man befindet sich also inmitten einer Wüste. Ein erstaunlicher Kontrast angesichts der Wassermassen, die diesen »Landzipfel« umgeben. Besonders beeindruckend ist es, sich frühmorgens auf dem Rücken eines Pferdes aufzumachen, um das Hinterland

---

Glücksorte
für Jupiter im Wassermann

Atlanta, Baltimore, Boston (alle drei USA), Buenos Aires (Argentinien), Caracas (Venezuela), Cartagena (Spanien), Dakar (Senegal), Detroit (USA), Havanna (Kuba), Kapstadt (Südafrika), La Paz (Bolivien), Lima (Peru), Miami (USA), Panama City (Panama), Santiago, Valparaíso (beide Chile)

---

zu entdecken. Dann umfängt einen – lange vor der Sonnenglut – eine angenehme Stille und Einsamkeit. Und ein bißchen kommt Westernromantik auf, wenn der Wind den Sand aufwirbelt und man alleine ist mit sich und dem Pferd. Beste Reisezeit: Oktober bis Februar.

Island

Wer sich zu einer Reise nach Island entschließt, der entscheidet sich gleichzeitig für eine Reise in die Einsamkeit. Mit nur knapp 270 000 Einwohnern ist die Insel nämlich das am dünnsten besiedelte Land Europas, wobei die meisten Menschen außerdem auch noch in den Küstenorten leben. Wer das Hinterland bereist – und dort erwarten einen unglaubliche Eindrücke –, der hat es in weiten Teilen ganz für sich alleine. Landschaftlich paßt Island am allerbesten zu den Wassermännern, die bizarre Formen und geologische Phänomene lieben. Und damit ist Island wirklich gesegnet. Da spucken Geysire meterhohe Wasserfontänen in die Luft, da sprudeln heiße Quellen aus dem Boden, da überziehen riesige Gletscher das Land, und Lava- und Aschefelder sorgen für ein ebenso unwirkliches wie auch atemberaubendes Flair. In entlegenen Teilen des Landes befinden sich übri-

sehenswürdigkeiten. So die »Feuer-
schlucht«, die mit 30 Kilometern
Länge die größte Vulkanspalte der
Erde ist. Begrenzt wird sie im Nordosten von Wasserfällen, die tosend über
das Basaltgestein in die Tiefe stürzen.
Der bekannteste Vulkan von Island ist
die Hekla, die alleine in unserem Jahrhundert viermal ausgebrochen ist. Das
letzte Mal 1981. Sie ist ausgesprochen
beeindruckend mit ihren 1491 Metern
Höhe. Und eine seltsame Angst über-
fällt so manchen bei ihrem Anblick.
Vielleicht ist es die Stimmung, die hier
herrscht und schon die alten Germa-
nen glauben ließ, die Hekla sei der
Eingang zum Totenreich. In den 30er
Jahren legten Archäologen bei Stöng
den Grundriß eines Bauernhofes frei,
der beim ersten überlieferten Ausbruch der Hekla im Jahr 1104 ver-
schüttet worden war. Anhand alter
Aufzeichnungen konnte der Hof wieder originalgetreu aufgebaut werden.
Etwa 110 Kilometer östlich von Reykjavik liegen die Springquellenfelder
von Haukadalur. Bis Anfang der 90er
Jahre »beherrschte« der Große Geysir
die Landschaft: In regelmäßigen Ab-
ständen spuckte er bis zu 60 Meter
hohe Fontänen aus. Heute ist der Geysir Strokkur der Star der Felder. Im
Schnitt alle zehn Minuten schießen
enorme Wassermassen meterhoch aus
ihm empor und erfüllen die Luft mit

*Wer sich zu
einer Reise
nach Island
entschließt, der
entscheidet sich
gleichzeitig für
eine Reise in die
Einsamkeit mit
sich und den
Naturgewalten*

gens Schutzhütten, in denen man teilweise übernachten kann. Es ist also
ratsam, bei der Ankunft nach Karten
zu fragen, auf denen diese Hütten ein-
gezeichnet sind. Nun, kann die Reise
losgehen? Wir starten von Reykjavik
aus, der Hauptstadt der Insel. Sie liegt
im Südwesten und ist die nördlichste
Hauptstadt der Welt. In ihrer Umgebung finden sich zahlreiche Natur-

nebelartigen Tröpfchenschwaden. Eine für isländische Verhältnisse geradezu üppige Vegetation erwartet einen in Thingvellir. Hier haben wir es mit einer vulkanischen Hochebene zu tun, die 1928 zum Nationalpark erklärt wurde. Südliche Grenze des Gebietes ist der größte See Islands, der Thingvallavatn. Ein unbedingtes Muß für Fans von Jules Verne ist die Halbinsel Snaefellsnes. Sie inspirierte den schreibenden Pionier nämlich zu seinem Roman »Reise zum Mittelpunkt der Erde«. Im Süden überziehen grüne Weiden die Halbinsel, im Norden erwartet einen eine wilde und zerklüftete Steilküste. Manche glauben, daß der Schriftsteller in dem geheimnisvollen Vulkan Snaefellsjökull die »Einstiegsluke« für seine Erdreisenden sah. Eine besondere Attraktion Islands sind die Grotten von Stórgjá und Grjótagjá im Myvatn-Gebiet. Hier sammelt sich bis zu 40 Grad heißes Wasser! Im nahen Nationalpark Jökulságljúfur fährt oder wandert man entlang dem zweitlängsten Fluß des Landes, erlebt wildromantische Schluchten und zahlreiche Wasserfälle. Liebenswert sind die kleinen Fischerdörfer entlang der Küste, noch liebenswerter die freundlichen und ungezwungenen Isländer. Ein Ferienziel für Individualisten, wie es vor allem die Wassermänner sind. Beste Reisezeit: Juni bis August.

Die Algarve

Plötzlich tauchen unter einem prachtvolle steinerne Bögen auf, durch die das Wasser platscht. Da recken sich steinerne Hügel empor, die sich der Kraft der Wellen nicht beugen wollen und die einen geradezu einladen, auf sie zu klettern und sich dem Wind und den Wellengeräuschen hinzugeben. Da öffnen sich wundervolle Sandstrände und dazwischen immer wieder hübsche Fischerdörfchen und Seebäder, in denen das Flair des portugiesischen Südens lebt. Die Algarve ist einer der gesegnetsten Landstriche Portugals. Hier wachsen Wein und Mandelbäume, Korkeichen, Feigen und Granatäpfel. Reis und Bananen werden angebaut, und teilweise auch noch Baumwolle. Der Name leitet sich vom arabischen »al-gharb« ab, was soviel wie Westen bedeutet. Und diese Lage ist es auch, die den Landstrich touristisch so interessant macht: Im Gegensatz zur Atlantikküste ist hier, am Golf von Cádiz, das Wasser nämlich verhältnismäßig warm, zwischen Mai und Oktober durchschnittlich 22 Grad. Und dann die Luft. Oder besser: ihr Duft. Er alleine wäre eine längere Beschreibung wert: In ihm vereinen sich nämlich alle Gerüche, die man landläufig mit Urlaub verbindet! Blüten, Salz, Wärme, Wasser, Hölzer und

in den engen Gassen der Dörfchen auch Kräuter und Gewürze, die den schmackhaften portugiesischen Gerichten den letzten Pfiff geben. Der etwa 50 Kilometer lange Küstenstreifen der Algarve teilt sich in zwei »Gebiete« ein: die westlich von Faro gelegene Küste ist vorwiegend felsig und mit eindrucksvollen Klippen ausgestattet, die östliche ist ausgedehnt sandig und deshalb touristisch erschlosse-

ner. Den Wassermännern möchte ich raten, bei einem Aufenthalt im östlichen Teil der Algarve doch öfters einen Abstecher in die Klippenlandschaft zu machen. Unternehmen Sie lange Spaziergänge entlang der Küste, und machen Sie sich auch einmal auf, die Sierras im Hinterland zu entdecken. Ein Ausläufer der Sierra de Sintra ist übrigens der Cabo da Roca mit seiner Leuchtturmanlage: der

Der Bahá'i-Tempel im Taunus – ein modernes Phänomen

Wassermänner sind ihrer Zeit oft voraus. So mögen sie auch moderne Bauwerke, die futuristisch wirken. Allerdings mangelt es den zeitgenössischen Bauten oft an Ausstrahlung. Nicht so beim Bahá'i-Tempel von Langenhain, in der Nähe von Frankfurt am Main im Taunus gelegen. Wenn man auf ihn zufährt, fallen einem recht lustige Vergleiche ein: Den einen erinnert der Tempel an einen Seeigel, den anderen an eine halbierte Zitrone. Wieder andere sehen in ihm einen Ufo-Nachbau oder eine Pudelmütze. 1964 errichtet, ist dieses Bahá'i-Haus eines von weltweit sieben, doch es ist das einzige in Europa. Die Bahá'i-Religion hat etwa vier Millionen Anhänger auf der ganzen Welt. Sie kennt keine Riten, hat keine Berufsgeistlichen. Ihr Begründer ist Bahá'u'lláh, der 1817 in Persien geboren wurde. Kern seiner Lehre ist die Einheit aller Religionen und der Menschheit. Die Häuser stehen allen Menschen offen, ungeachtet der Weltanschauung, der Nationalität, der Rasse oder Sprache. Bahá'i-Tempel sind als Orte der Meditation gedacht, in denen jeder in sich gehen und verweilen kann. Nehmen Sie in dem »Tempel« von Langenhain einen Platz ein, der Ihnen gefällt. Dann schließen Sie die Augen und geben sich der Stimmung unter der 28 Meter hohen Kuppel hin. Kaum einer, der hier nicht zur Ruhe käme! Die Gedanken verlangsamen sich, und bald fühlt man sich wie in einem Schwebezustand. Wachen? Oder Träumen? Alles zerfließt. Übrig bleibt ein wohliges Gefühl, das man gar nicht mehr aufgeben möchte. Wochentags ist der Bahá'i-Tempel fast menschenleer. So sollte der Kraftreisende unter der Woche hierher kommen, um das Haus weitgehend für sich alleine zu haben.

westlichste Punkt des europäischen Festlandes. Etwa 150 Kilometer weit im Landesinneren liegt im heißen und flachen Alentejo die historische Stadt Evora, die zum Weltkulturerbe zählt. Wer Zeit und Muße hat, sollte einen Tag für ihre Besichtigung einplanen. Evoras Altstadt ist von einer mittelalterlichen Stadtmauer umgeben. Man fühlt sich zurückversetzt in eine andere Zeit beim Gang durch die Gassen und Sträßchen, vorbei an den alten Häusern, den kleinen Geschäften. Unbedingt besuchen sollte man außerdem den Diana-Tempel, das Kloster dos Lòios und die Alte Universität. Beste Reisezeit: April/Mai und September/Oktober.

Die Algarve, das sind steinerne Bögen, durch die das Wasser platscht, steile Klippen, wundervolle Sandstrände und dazwischen immer wieder hübsche Fischerdörfchen

Wasserzeichen

Krebs, Skorpion und Fische sind die Zeichen der Wassertrilogie. Und so ist ihr Lebensfunke auch das Wasser. Der Krebs lebt in lieblichen Seengebieten auf, der Skorpion dagegen in geheimnisvoll wabernden Sumpfregionen. Den Fischen schließlich kommen romantische Inselgruppen entgegen.

Reiseziele für den Krebs

Verträumt, romantisch und unwirklich schön

Sein Herrscher-Planet ist der Mond, und schon deshalb ist der Krebs prädestiniert für verklärte, verträumte und romantische Reiseziele. Sein Herz macht kleine Freudensprünge, wenn er abends an einem Ufer sitzt, ihm ein warmes, duftendes Lüftchen um die Nase weht und der Alltag zu einer fremden Erinnerung verblaßt.

Belize

Keine Reise nach Belize (vormals Britisch Honduras) wäre wirlich »rund«, würde man nicht die erstaunlichen Ruinen aus der Maya-Zeit besichtigen. Hier holt einen die große Vergangenheit Zentralamerikas ein. Man staunt über das astronomisch-astrologische Wissen dieser untergegangenen Kultur, über ihr bauliches Können und über ihren Sinn für Schönheit. Krebse, die einen Hang zu allem Vergangenen haben, kommen in diesem faszinierenden Land mit seinen bis heute nicht gelüfteten Geheimnissen voll auf ihre Kosten. Denn hier kann man träumen. Hier wachsen der Krebsseele Flügel.

Belize ist von romantischen Seen und blubbernden Sümpfen durchsetzt. Das Land liegt in der feucht-tropischen Klimazona und reizt neben den Maya-Ruinen vor allem durch seine artenreiche Tier- und Pflanzenwelt, seine makellosen Traumstränden und durch phantastisch schöne Korallenriffe und -inseln. Die größeren der mehr als 150 Koralleninseln sind übrigens durch einen regelmäßigen Bootsverkehr mit dem Festland verbunden. Bei Cay Corker und Cay Chapel kann man an Tauchausflügen teilnehmen und neben der faszinierenden Unterwasserwelt auch vor Jahrhunderten gesunkene Schiffe aufspüren! Doch zurück zu den Maya-Ruinen, die sicherlich Hauptanziehungspunkt für viele Reisende sind. Etwa 50 Kilometer nördlich von Belize City liegt das ehemalige Siedlungsgebiet der Mayastadt Altun Ha. Es erstreckt sich inmitten des Küstenurwalds auf einer Fläche von neun Quadratkilometern und ist ein wahres Eldorado für Hobby-Archäologen. Über 500 Bauten hat man hier mit Hilfe modernster Technik lokalisiert, freigelegt wurden bisher aber erst 55. Die frühesten von ihnen stammen nach unserer Zeitrechnung etwa aus dem Jahr 600 v. Chr. Man fand Kleidungsstücke, Geräte aus Holz, Jadeschmuck und Skulpturen. Der beeindruckendste Fund aber ist wohl der mehr als vier

Kilo schwere Jadekopf des Sonnengottes Kinich Ahau. Eine Tempelstadt der Mayas war das an der Westgrenze von Belize gelegene Xunantunich. Hier spüren sensible Besucher eine erstaunliche Kraft in sich wachsen. Und man staunt angesichts eines Reliefs am vierzig Meter hohen Haupttempel, das mit astronomischen und astrologischen Motiven überzogen ist. Woher hatten die Erbauer der Tempelanlage das Wissen? Wer hat es ihnen vermittelt? Wie und womit führten sie die Berechnungen durch? Die beeindruckenden Ruinen von Xunantunich liegen nicht weit entfernt vom Pine Ridge Reserve. Statten Sie dort dem Hidden Valley einen Besuch ab. Was kaum jemand weiß: Es bietet auf einer Breite von 550 Metern einen der größten Wasserfälle der Welt! Ein Naturschauspiel, das man sich nicht entgehen lassen sollte. Beste Reisezeit: März bis Oktober.

Die Halbinsel Yucatán

Darf es noch eine Reise in die Vergangenheit sein? Dann begleiten Sie mich nun auf die mexikanische Halbinsel Yucatán, auf der zwei der bedeutendsten Maya-Ruinenstätten liegen: Chichén-Itzá und Uxmal. So fremd die Namen auf uns wirken, so fremd, so klein, so unbedeutend fühlt man sich, wenn man vor den erstaunlichen pyramidenförmigen Tempeln steht. Und doch auch wieder erhoben, gekräftigt, beflügelt. »Hauptattraktionen« von Chichén-Itzá sind neben dem Tempel der Krieger und dem Platz der Tausend

Das Hauptheiligtum von Chichén-Itzá ist das Castillo, das neun übereinanderliegende Terrassen bekrönt. An jeder der vier Seiten führen 91 Stufen hinauf zum Heiligtum. So ergeben sich mit der obersten Plattform 365 Stufen – die Anzahl der Tage eines Jahres. Zufall?

Säulen sicherlich die sieben kultischen Ballspielplätze, deren größter 168 Meter auf 70 Meter mißt. In der Mitte der senkrechten Spielwände ist in etwa sieben Metern Höhe je ein mit gefiederten Schlangen geschmückter Steinring eingelassen, durch den der schwere Kautschukball hindruchgetrieben werden mußte. Im berühmten »Schneckenhaus« (El Caracol) führt eine Wendeltreppe ins obere Geschoß des zwölf Meter hohen Bauwerks. Dort, in dem winzigen Raum in der Turmspitze, waren Fensterschlitze angebracht, die den Priestern dazu dienten, die Zeit zu bestimmen: An den Tagen der Sonnenwende und der Tagundnachtgleiche fiel das Licht für kurze Zeit in den Raum. El Caracol war also eine Art Observatorium. Das Heiligtum der Anlage ist zweifellos das Castillo, ein in 25 Metern Höhe liegender Tempel, der dem Aztekengott Quetzalcóatl geweiht war. Er bekrönt

neun übereinanderliegende Terrassen, an jeder der vier Seiten führen 91 Stufen hinauf zum Heiligtum. So ergeben sich zusammen mit der obersten Plattform insgesamt 365 Stufen – die Anzahl der Tage eines Jahres! Zufall? Wohl kaum. Verweilen Sie hier, und lassen Sie die Energie und die mystische Stimmung auf sich wirken. Etwa 80 Kilometer südlich von Mérida liegt die Maya-Stätte Uxmal, die vermutlich im 6. Jahrhundert gegründet wurde. Besuchen Sie dort die Wahrsager-Pyramide, gehen Sie in sich, und stellen Sie sich hier, auf der geweihten Erde, noch einmal die Fragen, auf die Sie bisher keine Antworten gefunden haben. Der Genius loci, der Geist des Ortes, hilft Ihnen vielleicht, sie zu finden. Beste Reisezeit: Oktober bis Februar.

Florida

Ewiger Sommer, nie untergehende Sonne, endlose Strände und sattes Grün vor der Haustür. Florida, der südlichste Bundesstaat der USA, nennt sich selbst »Sunshine State«. Doch es sei hier gleich gesagt: Ruhe findet man zwischen den berühmten Touristenhochburgen Palm Beach und Miami nicht. Die gesamte Küste ist zugebaut. Mit Hotels, Apartmenthäusern und Bungalows. Da empfiehlt es sich schon eher (besonders den Krebsen, die im

---

**Glücksorte
für Jupiter in Krebs**

Bombay, Dehli (beide Indien), Edmonton (Kanada), Kalkutta (Indien), Katmandu (Nepal), Lissabon (Portugal), Honolulu (Hawaii/USA), Salem (Oregon/USA), San Francisco, Seattle (beide USA), Vancouver (Kanada), Windhuk (Namibia)

Urlaub gerne abschalten wollen und eher das Ursprüngliche suchen), die Regionen nördlich der Touristenhochburgen oder die Westküste anzusteuern. Hier findet man sogar während der Hochsaison (Dezember bis Februar) menschenleere Strände. Mehrere Tage sollte man für einen Ausflug in die berühmten Everglades einplanen. Der 1947 eröffnete Nationalpark ist der einzige tropische Park der Staaten. 5440 Quadratkilometer groß ist er – eine Welt, die jeden in Staunen versetzt. Dem Wasserzeichen besonders zu empfehlen: den Park per Boot zu erobern und zu erkunden. Von den zahlreichen Flüssen und Seen des Gebietes aus betrachtet, wirken Flora und Fauna nochmal so beeindruckend. Wieder Kind sein – davon träumt eigentlich jeder dieses Zei-

chens. Hier, in Florida, dürfen Sie es sein. Nämlich in Disney World nahe Orlando, dem größten Vergnügungspark der Welt. Hier schlagen die Herzen der kleinen und der großen Besucher höher, hier tanzt man mit Mickey Mouse und bestaunt all die anderen legendären Trickfilmfiguren aus den Disney-Filmen. Hier steht die Welt still, der Alltag kann warten. Bei uns weniger bekannt, aber einen Tip wert: St. Augustine. Die Stadt wurde 1565 von den Spaniern gegründet und ist die älteste der USA. Wenigstens einen Tag sollte man sich Zeit lassen, um die liebevoll restaurierten Straßen im Altstadtviertel St. Augustine Antiguo anzuschauen. Der Trip hierher erscheint vielen wie eine Zeitreise: zurück ins Spanien des 16. Jahrhunderts. Beste Reisezeit: Dezember bis Februar.

Die Everglades, eine Welt, die jeden in Staunen versetzt. Auf 5440 Quadratkilometern erstrecken sich Sümpfe mit einer einzigartigen Flora und Fauna

Die Großen Seen

Bleiben wir noch ein bißchen in den USA, denn eine weitere Region ist für einen Krebs-Urlaub wie geschaffen: die der Großen Seen auf der Grenze zwischen den USA und Kanada. Es sind fünf an der Zahl: der Lake Superior (Oberer See), der Lake Huron, der Lake Michigan, der Lake Erie und schließlich der Lake Ontario. Zusammen haben diese fünf Binnen-Giganten eine Küstenlänge von 7000 Kilometern! Kein Wunder also, daß man sie die »vierte Küste« der USA nennt. Die Seen gehören zu den beliebtesten Erholungsgebieten der USA. Wer gerne angelt oder ein Wassersportfan ist, der ist hier am richtigen Ort! Der Isle Royale National Park am nordwestlichen Oberen See umfaßt die

große Isle Royale und über 200 weitere kleinere Inseln. Land und Wasser reichen sich hier die Hände und laden Wanderfreunde zu Entdeckungstouren ein: 267 Kilometer Wanderwege führen durch die reiche Tier- und Pflanzenwelt. Viele schwören, daß dieser 550 Quadratkilometer große Park zu den schönsten Wanderregionen der Welt zählt. Und schließlich: die weltberühmten Niagara-Fälle. Sie gehören zweifellos zu den bekanntesten Natursensationen Nordamerikas. Der Hufeisenfall, mit seinen 49 Metern Höhe und den 790 Metern Breite der größte Teil der Niagara-Fälle, liegt zwar auf kanadischem Gebiet, ist aber von einem Aussichtsturm aus auch von amerikanischer Seite zu bestaunen. Beste Reisezeit: Mai bis September.

Die Mecklenburger Seen

Ein großer Sprung – und schon kehren wir in heimatliche Gefilde zurück. Denn: Warum in die Ferne schweifen, wenn das Gute liegt (speziell für Krebse) so nah? Die Rede ist von den Mecklenburgischen Seen und hier insbesondere vom Müritz-Nationalpark. Er wird durch Moore und Seen geprägt. Mehr als hundert finden sich hier. Und dann die Wälder: herrliche Buchen, duftende Kiefern. Ringsum eine liebliche, fruchtbare Landschaft, in der immer wieder herrliche Fleckchen zum Verweilen und Entspannen einladen. Die Mecklenburgische Seenplatte ist ein reizendes Ziel für Rad- und Wanderfreunde. Und für kleine und große Wasserratten, denn überall gibt es ein breites Wassersportangebot. Reisezielorte könnten Waren, Malchow oder Mirow sein. Waren (Müritz) ist der Hauptort der Großseenplatte und liegt am Nordufer des größten mecklenburgischen Binnensees. Besichtigenswert: die Stadtkirchen St. Marien und St. Georg, die wunderbaren Fachwerkhäuser, das klassizistische Rathaus. Von Waren aus kann man Schiffs- und Bootsfahrten und Ausflüge in den nahen Nationalpark unternehmen. Westlich der Müritz liegt das Erholungsstädtchen Malchow mit seiner auf einer schmalen Insel im Malchower See erbauten Altstadt. Sehenswert ist das Kloster Malchow. Über hundert Seen im Umkreis von 20 Kilometern entdeckt man von Mirow aus, dem Tor zur Klein-

Die Mecklenburgische Seenplatte ist ein wunderbares Ziel für Rad- und Wanderfreunde. Und für solche, die der Erholung wegen nicht immer gleich in die Ferne schweifen wollen

Ein Ort voll romantischem Zauber zwischen Wehlen und Rathen: die Bastei. Eine gigantische Sandsteinformation, deren Felsnadeln die Menschen früherer Zeiten sicherlich an Göttersitze erinnert haben

seenplatte. Hier sehenswert: das Schloß mit Torhaus, die Kirche mit Grablege der Strelitzer Herzöge und Großherzöge. Beste Reisezeit für Badefans: die Sommermonate Juli und August. Naturfreunde (und alle, die es etwas ruhiger mögen) besuchen Mecklenburg im Juni, im September und im Oktober.

Die Sächsische Schweiz

Was macht ein Wasserzeichen wie der Krebs in einer eher gebirgigen Gegend? Nun, hier zwischen Bad Schandau und Wehlen, vor der grandiosen Kulisse einer wildromantischen Natur, kann der Krebs seine sensiblen Antennen gen Himmel strecken und sich emporheben lassen von den gewalti-

gen Energien, die hier herrschen. Da gibt es markante Tafelberge, lange Felsfluchten, tiefe Schluchten und Täler, die man erwandern kann. Und mitten durch diese kraftvolle Landschaft fließen die Elbe und ihre zahlreichen Nebenflüsse. Berühmt ist hier vor allem die sogenannte Bastei, ein Ort voll romantischem Zauber zwischen Wehlen und Rathen: eine gigantische Sandsteinformation mit weitgehend unzugänglichen Felsnadeln, deren Höhe und Unerreichbarkeit die Menschen früherer Zeiten sicherlich an »Göttersitze« erinnert haben. Einige dieser Nadeln sind durch Brücken verbunden, es wurde sogar eine Burg darauf errichtet, deren Grundmauern restauriert wurden. Schönster und bester energetischer Platz ist die Mitte der ehemaligen Felsenburg Neurathen (achten Sie an der höchsten Stelle auf einen markant gewachsenen Baum). Hier herrscht eine sehr aufbauende und belebende Energie. Doch bedenken Sie, daß außer Ihnen sicherlich noch viele Besucher da sind. Beste Zeiten, um sich energetisch aufzuladen, sind der frühe Morgen und der Abend, wenn allein schon die Lichtverhältnisse und die Ruhe für eine magisch-mystische Stimmung sorgen. Wer Richtung Steinerner Tisch wandert, wird eine kleine Schlucht entdecken, wo aus Felsen und Bäumen ein kleiner

Hain gebildet wird. Inmitten dieses Platzes gibt es ein Plateau. Lassen Sie sich dort nieder (nur ganz wenige Menschen kommen hierher), und nehmen Sie die Kraft des Ortes in sich auf. Er erinnert durch die Ausformung der umliegenden Felsen an einen natürlichen Tempel, in dem die Erdenergien gebündelt werden. Manche Besucher fallen hier bereits nach kurzer Zeit in einen fast tranceartigen Zustand. Beste Reisezeit: Mai bis Oktober.

Wer den Buddha sucht, findet das Glück!

Umgeben von tropischen, immergrünen und kraftstrotzenden Wäldern, in der Mitte Javas, liegt Borobodur, der »Tempel auf dem Berge«, eines der größten buddhistischen Heiligtümer der Erde. Über tausend Jahre lang war es vergessen, von Lianen überzogen. Eine Mauer aus Ranken und undurchdringlichem Dickicht hielt die Blicke von den Buddha-Statuen fern. Nur in Erzählungen lebte das Heiligtum fort, das vor vielen hundert Jahren von schwarz-magischen Priestern entweiht worden sein soll. Finstere Erzählungen wurden von Generation zu Generation weitergetragen und hielten jeden davon ab, sich auch nur in die Nähe der heiligen Stätte zu begeben. Doch nun scheint die Zeit des Banns abgelaufen. Die Wege zu dem Tempel wurden wieder freigelegt und das Heiligtum von buddhistischen Priestern neu geweiht. Die Standbilder und Terrassen erstrahlen in neuem Glanz. Und in neuer Würde. Das Heiligtum wird von insgesamt sieben Galerien umgeben. Man besteigt sie im Uhrzeigersinn und wandert vorbei an recht freizügigen Reliefs. Auf der fünften Galerie trifft man in vierundsechzig Nischen auf Statuen des milde lächelnden Buddha. Ein Jahrtausend lang haben sie Kraft gesammelt, waren vergessen – und ungestört. Um so geballter erscheint die Energie heute. Die Statuen spenden sie jedem, der sie unter ihrem glockenförmigen Steingitter berührt. Im Übermaß erhält der Besucher pure Glücksenergie und fühlt in sich eine pulsierende Kraft wachsen.

Reiseziele für den Skorpion

Geheimnisvoll, sumpfig und unberührt

Der Skorpion ist von seinem Wesen her ein überzeugter Individualist. Er wird von seinem Inneren beherrscht, das er kaum jemandem preisgibt. So wendet er sich gerne der Kehrseite der Dinge zu: dem Verborgenen, dem Geheimnisvollen, dem Unsichtbaren, dem Okkulten und dem Ursprünglichen. Er sucht einsame, oftmals sogar unwirtliche Orte auf, um sich zu regenerieren. Denn in der Abgeschiedenheit findet er die Stille, die er braucht, um seinem Inneren zu lauschen.

Gambia

Finden könnte ein powerreisender Skorpion diese Stille und Abgeschiedenheit in dem kleinen westafrikanischen Staat Gambia, der gerade mal halb so groß ist wie Hessen und vom großen Nachbarn Senegal quasi umschlossen wird. Gambia? Vielleicht erinnern Sie sich an Kunta Kinte und an die TV-Serie »Roots«? In dem dieser Serie zugrundeliegenden Roman verfolgt der Autor, Alex Haley, seine Wurzeln zurück in das kleine Dorf

---

**Glücksorte
für Jupiter im Skorpion**

Bombay (Indien), Colombo (Sri Lanka), Helsinki (Finnland), Johannesburg (Südafrika), Kalkutta (Indien), Katmandu (Nepal), Lahore (Indien), St. Petersburg (Rußland), Madras (Indien), Moskau (Rußland), Riga (Lettland), Srinagar (Indien), Stockholm (Schweden), Teheran (Iran), Tiflis (Georgien), Trondheim (Schweden)

Juffure. Dort, am Ufer des Gambia Rivers, verlebte Kunta Kinte vom Stamme der Mandingo eine glückliche Kindheit – bis ihn Sklavenhändler nach Amerika verschleppten. Wer nach Gambia reist, sollte diesen Roman unbedingt als Reiselektüre mitnehmen, denn viele der darin beschriebenen Sitten und Gebräuche lassen sich heute noch finden. Am beliebtesten ist bei den Touristen die Küstenregion am Atlantik, deren Strände zu den schönsten Afrikas gehören. Doch wirklich interessant für einen Skorpion ist die Landschaft entlang des Gambia Rivers, der Lebensader des Landes. Sie ist romantisch und ursprünglich, urwüchsig und feucht. Dort stehen sie, die typisch afrikanischen Rundhütten, erheben sich aus aus der leicht hügeligen Flußlandschaft mit ihren Mangrovensümpfen,

den kleinen aufgeschwemmten Inseln, den Flamingos und Papageien. In dieser Welt könnte sich ein Skorpion meditativ auf die Suche nach seinen Wurzeln machen. Nach dem Woher und dem Wohin. Nach dem Wozu und dem Weshalb. Unternehmen Sie einen Ausflug zum Mittellauf des Flusses: zu den Steinkreisen von Wassu nahe Georgetown, dem Verwaltungs- und Handelszentrum des Landes. Ein Dutzend dieser Kultstätten überziehen die Landschaft – die »Überbleibsel« früherer Kulturen und heute Kraftorte, die man in der Regel für sich alleine hat. Ideale Meditationsplätze, da eine gute Schwingung herrscht. Doch lockt auch das Landesinnere, das in weiten Teilen wie eine verdorrte, rote Mondland-

schaft aussieht. Oder der Nordosten mit seiner weiten, flachen und trockenen Savannenlandschaft, den Akazien, den majestätischen Kapok- und den Affenbrotbäumen. Beste Reisezeit: Mitte November bis Mitte Mai.

Auvergne und Dordogne

Man mag es kaum glauben, doch gibt es mitten in dem Reiseland Frankreich tatsächlich noch zwei »schöne Unbekannte«, die vom Massentourismus weitgehend verschont geblieben sind: die Auvergne um Clermont-Ferrand und die Dordogne entlang des gleichnamigen Flusses, beide im südlichen Mittelfrankreich gelegen. Hier erheben sich die bizarrsten Vulkanformationen,

Man muß gut in Form und schwindelfrei sein, um die Kapelle St. Michel-d'Aiguille oberhalb von Le Puy zu erreichen. 268 Stufen führen hinauf zu ihr, der schönen Krone auf der bizarren Felsnadel

man erlebt wildromantische Schluchten, mittelalterliche Städte, taucht ein in Grotten und Höhlen und läßt die Stille malerischer Kirchen auf sich wirken. Und das alles, ohne sehr vielen anderen Touristen zu begegnen! Biegt man auch mal von den großen Straßen ab, tauchen plötzlich winzige Ortschaften auf, vergessene Täler, Schluchten, man findet Quellen, rastet an Bächen oder genießt eine aufbauende Stunde in einer blühenden Wiese – der Erde nah und dem Himmel darüber auch. Manche überkommt hier eine gewisse Schwermut, eine Melancholie. Doch sind es genau solche Stimmungen, die der Skorpion-Schwingung sehr nahe kommen. Er durchwandert oft ein »Tal der Tränen« – um daraus gereinigt, erfrischt und voller neuer Lebenslust hervorzugehen. Besonders sehenswert in der historischen Landschaft der Dordogne ist das romantische Vézère-Tal mit seinen prähistorischen Fundorten: drei Höhlen, vier Grotten, drei felsige Unterstände und sechs Plätze, auf denen neben Felsmalereien auch Versteinerungen entdeckt worden sind. Nach Schätzung der Archäologen wurden die Unterkünfte vor etwa 100 000 Jahren bewohnt! In Souillac sollte man die ehemalige Abteikirche mit ihren wunderbaren Skulpturen aus dem 12. Jahrhundert besuchen. Der Wallfahrtsort Rocamadour im Tal des Alzou beeindruckt durch seine einzigartige, in den Fels hineingekeilte Lage. Die von den Felsnadeln von Le Puy (Auvergne) ausgehende Kraft war offenbar auch schon den Kelten bekannt. Wo heute die Kathedrale steht, soll früher ein keltischer Kultort gewesen sein. Man spürt die Kraft des Ortes noch heute. Nicht nur sensible Menschen werden ganz automatisch von der Stimmung ergriffen und aufgebaut, die einen unter den sieben Kuppeln umfängt. An den Sakralbau schließt sich der Kreuzgang aus dem 11. Jahrhundert an. Seine Besonderheit ist, daß er aus verschiedenfarbigen Steinen erbaut wurde. Von hier aus beginnt der Aufstieg auf den Rocher Corneille mit der Madonnenstatue und zur Kapelle St. Michel-d'Aiguilhe. Allerdings muß man gut in Form (und schwindelfrei) sein, um sie zu erreichen: 268 Stufen führen hinauf zur ihr, der schönen Krone auf der bizarren Felsnadel. Beste Reisezeit: Früh- und Spätsommer.

Neuseeland

Neuseeland, da fallen einem die wunderbaren Kiwifrüchte ein, Vulkane, die Maoris, Traumstrände, die in letzter Zeit immer häufiger in Reiseprospekten auftauchen – und dann? Nun,

wie wäre es mit ewig schneebedeckten Gipfeln? Mit malerischen Fjorden? Dampfenden Geysiren? Weinbergen? Mit farbigen Sinterterrassen? Wasserfällen? Heiligen Quellen? Und einzigartigen Segelrevieren? Neuseeland reizt wie kaum ein anderes Land mit einer überwältigenden Vielfalt. Die zahlreichen Facetten entdeckt man am allerbesten per Mietwagen und auf eigene Faust. Das kommt der Natur des Skorpions sehr entgegen, der gerne seine eigenen Wege einschlägt und oftmals sehr individuelle Rhythmen hat. Überall finden sich Campingplätze und sogenannte Motorcamps – einfache Hütten mit sanitären Einrichtungen und Kochmöglichkeiten (fragen

Sie bei dem Wagenverleih nach einem entsprechenden Verzeichnis). Rund um Auckland (für die meisten der Zielflughafen) befinden sich die wunderbarsten Strände und mit der Inselwelt des Hauraki-Golfs auch die schönsten Segelreviere. 30 Kilometer südlich von Hamilton (dort das Waikato Art Museum mit seinen archäologischen Fundstücken besichtigen!) liegen die Waitomo-Höhlen, die erst 1887 entdeckt worden sind. Hier erwarten den Besucher unvergeßliche Schauspiele: Etwa 18 Meter unterhalb des Höhleneingangs verschwindet der Waitomo-Fluß in den Berg, den er unterirdisch 450 Meter durchfließt. Auf seinem Weg stürzt er in der Rua-

Neuseeland reizt wie kaum ein anderes Land mit einer überwältigenden Vielfalt. Da gibt es schneebedeckte Gipfel, malerische Fjorde, dampfende Geysire, Weinberge, Wasserfälle und einzigartige Segelreviere

kuri-Höhle als Wasserfall tosend in die Tiefe. Eine weitere Attraktion ist die »Glühwürmchengrotte«: 100 000 Glühwürmchen erfüllen sie mit einem sagenhaften türkisfarbenen Licht, das sich im Wasser widerspiegelt. Die Aranui-Höhle schließlich begeistert Höhlenfans mit der Formenvielfalt ihrer Stalagmiten und Stalaktiten. Zentrum der Maori-Kultur ist Rotorua, in dessen Nähe ein nachgebautes Maoridorf (Whaka) steht. Hier staunt man über die Schnitz- und Handwerkskunst der Ureinwohner, die einem in der »Maori Carving School« praktisch vorgeführt wird. Im Südosten von Rotorua erstreckt sich das bekannteste Thermalgebiet Neuseelands: Whakarewarewa. In einer einmaligen Kulisse aus Stein und Wald sprudeln zahllose heilkräftige Quellen aus dem Boden, erfüllt zischender Dampf die Luft. Doch als wirklich wundertätig betrachteten die Maoris schon immer die Quellen des Thermalgebiets von Waiotapu. So heißen die Geysire, die brodelnden Schlammquellen, die heißen Rinnsale, die die Landschaft überziehen in der Maori-Sprache auch »Heilige Gewässer«: Ihre Wasser erfrischen, wirken anregend, aufbauend, spenden Kraft. Ein Farbenspiel, das jeden Fotofreund begeistern wird, liefern dort auch die schillernden Sinterterrassen – geschaf-

fen aus gelösten Mineralstoffen, die sich hier seit Jahr und Tag ablagern. Beste Reisezeit: Dezember bis April. Für Wintersportler (auf der Südinsel) Juli bis September.

New Orleans

Wer New Orleans hört, denkt zuallererst an Jazz. Und dann an Mississippi-Dampfer, die unter der heißen Sonne der amerikanischen Südstaaten gemächlich auf dem Strom schippern. New Orleans ist aber auch ein Schmelztiegel, ein buntes Völkergemisch aus französisch-, spanisch-, afrikanisch-, karibisch-, südamerikanisch- und asiatischstämmigen Einwanderern, die an diesem Ort ein ebenso tolerantes wie auch quirliges Lebensgefühl pflegen. In New Orleans besucht man am besten zunächst einmal den French Market. Das sind arkadengeschmückte Markthallen, in denen seit über 200 Jahren ein buntes Markttreiben herrscht. Der malerischste Platz und pulsierendes Herz der Stadt ist der 1721 entworfene Jackson Square mit dem Jackson-Denkmal und den wunderbaren Stadthäusern aus der Mitte des vergangenen Jahrhunderts. Hier steht auch eine der ältesten Bischofskirchen der Vereinigten Staaten, die St. Louis Cathedral, die im ausgehenden 18. Jahrhundert erbaut wurde.

Wirklich interessant macht für den Skorpion diese Reise aber nicht nur das Savoir-vivre des alten Südens. Er sollte sich Ausflüge in die nahegelegenen Sümpfe von New Orleans vornehmen und dort in »seinem Wasserelement« die grandiose Landschaft mit ihrer phantastischen Flora und Fauna auf sich wirken lassen. Beste Reisezeit: Mai bis Oktober. Karnevalfans: Januar.

Die Schwäbische Alb

Das letzte Mal war ich im Spätsommer im Schwäbischen Albhochland. Schwer lag die Wärme über dem kargen Land, unter meinen Schuhen wirbelte der Staub, hinter jeder Wegbiegung tauchten seltsame Felsen auf, und verknorrte Gehölze streckten ihre Knochenfinger gen Himmel. Wie immer empfand ich eine merkwürdige Stimmung. Eine unwirkliche Stille. Ich wanderte durch eine trockene, karstige Mondlandschaft, die alles andere als freundlich wirkt. Und doch zieht sie an, bezaubert sie in ihrer Kargheit. Die Schwäbische (Hoch-)Alb ist nichts für Freunde einer saftigen, fruchtbaren Natur. Hierher zieht sich zurück, wer mit sich und der Welt alleine sein möchte, klare Gedanken

Dem Savoir-vivre des alten Südens kommt man in New Orleans auf die Spur. Wunderschöne Fassaden und ein buntes Völkergemisch geben der Stadt ein ganz eigenes Flair

*Idealer Kraft-
und Medita-
tionsplatz: der
Ipf bei Bopfin-
gen, ein abge-
flachter Kegel-
berg, der einst
von Kelten
besiedelt war*

fassen will, in der asketischen Kargheit nach dem Wesentlichen sucht. Hier kann ich mir einen Skorpion gut vorstellen, der sich »einigeln« möchte, in der Stille meditieren, sich selbst oder Antworten auf seine Fragen finden will. Ihre höchsten Erhebungen hat die Alb im Südwesten mit dem Lemberg, der sich 1015 Meter erhebt. Nach Südosten hin fällt sie dann zur Donau flachwellig ab. Wo sich Schwäbische und Fränkische Alb treffen bzw. trennen, gibt es eine große Merkwürdigkeit, nämlich das Nördlinger Ries. Hierbei handelt es sich um einen fast runden, 20 bis 24 Kilometer weiten Kessel, der nach wissenschaftlichen Erkenntnissen durch einen Meteoriteneinschlag entstanden ist. Am Rand dieser Senke steht ein idealer Kraft- und Meditationsplatz: der Ipf bei Bop-

fingen, ein abgeflachter Kegelberg, der einst von Kelten besiedelt war. Von Bopfingen aus erreicht man das ringumwallte Plateau in einem etwa halbstündigen Fußmarsch. Dabei folgt man einer Lindenallee, deren Ende drei bizarr gewachsene Linden bilden. Ihr Wuchs deutet auf eine starke Strahlung aus der Erde hin. Lassen Sie sich unter ihnen nieder, und gehen Sie in sich. Sie können dies auf einer vorhandenen Sitzgruppe tun – besser aber direkt auf dem Boden, um eine direkte Erdung zu erhalten. Lehnen Sie sich dabei an einen der Bäume! Die beste Zeit, um den Ipf zu besteigen und seine wohltuende Kraft in sich aufzunehmen, ist bei Vollmond und wochentags, wenn sich kaum ein anderer Ausflügler hierher »verirrt«. Beste Reisezeit: ganzjährig.

Stonehenge – der größte Kalender der Welt

Sie sind Mond- und Sonnenkalender zugleich, sie sind Kraftort und waren Kultstätten: Stonehenge, die mythisch-geheimnisvollen Steinkreise im Südwesten Englands.

Sie wurden offenbar mit großem technischen Geschick in drei Bauphasen von 3000 bis 1500 v. Chr. errichtet. Zunächst nutzte man Meeres- und Flußströmungen aus, um die riesigen Steine herbeizuschleppen, später dann zogen einige hundert Männer mittels Kuhhaarseilen enorme Schlitten auf Rollenbahnen, auf denen die bis zu 50 Tonnen schweren Sandsteinblöcke (aus den 35 Kilometer entfernten Marlborough Downs) lagen. Mit weiteren Decksteinen fügten die steinzeitlichen Baumeister dann die steinernen Riesen zu gewaltigen Trilithkonstruktionen zusammen. Zentrum ist ein Altar, um den einzelne Bausteine zu einer weiteren magischen Hufeisenform arrangiert wurden. Warum die Urmenschen solch einen Kraftakt unternahmen, ist bis heute ungeklärt. Man geht davon aus, daß Stonehenge (»hängende Steine«) das religiöse Zentrum des Sonnenkults war, weil ihre exakte Ausrichtung nach der Sommer- und Wintersonnenwende der Sonnen- und Mondbeobachtung diente. Mit Geigerzähler und Ultraschalldetektoren meßbar sind allerdings verschiedene Phänomene in- und außerhalb der Steinkreise, die das starke Kraftpotential dieses Ortes (und damit wohl auch seine Standortwahl) deutlich machen: So gehen von den Steinen offenbar starke Ultraschallwellen und eine erhöhte Radioaktivität aus (besonders bei Sonnenaufgang), im Zentrum der Kreise dagegen herrscht magnetische Stille. Schon kurz nach dem Eintreten in die Kreise fällt von dem Besucher jegliche Nervosität ab.

Man fühlt sich erfrischt und von innen heraus gestärkt. Manche berichten von einer seltsamen Benommenheit, andere von einem »glasklaren Verstand«. Ganz ähnliche Beobachtungen machte man übrigens im weniger bekannten Steinkreis von Avebury. Der Ort liegt nicht weit von Stonehenge entfernt, ist aber noch nicht ganz so überlaufen.

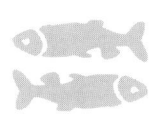

Reiseziele für den Fisch

Paradiesisch, sanft und von Wasser umgeben

Ein rechtes Fische-Wesen liebt die weiten Horizonte, Orte, an denen es aufs Meer hinausschauen und träumen kann. Sich ziellos treiben lassen, einfach ins Blaue fahren, ohne festen Reiseplan, mal hier, mal dort anhalten – das bedeutet für den Fisch höchstes Urlaubsglück.

Schweden

Viele Fische-Geborene scheuen zwar den Norden, doch möchte ich allen einmal zu einer Reise nach Schweden raten. Ein ebenso romantisches wie auch verträumtes Land: Endlose Felder, blühende Wiesen, tiefe Wälder, verwunschene Seen, einsame Inseln und traumhafte Sandstrände erwarten den staunenden Reisenden. Und das Wetter? Viel besser als sein Ruf! Dem warmen Golfstrom verdankt die Westküste nämlich sein mildes Klima und den treffenden Beinamen »Schwedische Riviera«. Hier schmiegen sich von Ängelholm bis nördlich von Schwedens zweitgrößter Stadt Göteborg winzige und malerische Fischerdörfchen an die Felswände der kleinen Fjorde. Jedes einzelne lädt zum Bummeln und Verweilen ein. Wie geschaffen für den Fische-Urlauber ist die einzigartige Schärenlandschaft um Bohuslän: Tausende Mini-Inselchen wollen entdeckt und besucht werden. Und das Schönste: Hier gibt es kleine umgebaute Fischerhäuschen, die man mieten kann. Allerdings muß man rechtzeitig reservieren, denn sie sind begehrte Ziele von Romantikern. Aber nicht nur die Westküste ist eine Reise wert. In Småland (an der Ostküste) geht jedem Fisch das Herz auf: Hier wandert man entlang wunderschöner Seen und Flüsse, taucht ein in eine sagenhaft romantische Landschaft und kann in der Weite die Einsamkeit suchen. Am Ende der längsten Brücke Europas – sie ist 6 070 Meter lang und führt über den Kalmarsund – liegt Öland, die Insel der Burgen und Windmühlen. 400 von den ehemals 2 000 sind noch erhalten! Die Insel hat aber noch mehr zu bieten: Hier blühen 35 verschiedene Orchideensorten, hier gibt es mystische Steinkreise und ringsherum weiße Sandstrände. Eine traumhafte Insel, die so schön ist, daß hier sogar die königliche Familie ihre Ferien verbringt. Tip: Wer es sich einrichten kann, der sollte seinen Urlaub rund um den letzten Samstag im Juni legen. Denn dann finden überall

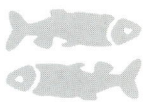

in Schweden, auch im kleinsten Dörfchen, die legendären Mittsommernachtsfeste statt. Alle Schweden (und natürlich auch die Gäste) sind auf den Beinen, feiern, tanzen und begrüßen den Sommer. Beste Reisezeit: Juni bis September.

Togo

Ein weiteres Fische-Land ist Togo, ein relativ schmaler Streifen Land (maximal 140 Kilometer breit), der an der Westküste Afrikas direkt am Golf von Guinea liegt und sich 600 Kilometer weit bis hin zum Togo-Gebirge im Landesinneren zieht. Erfreuen wird sich das Auge des Urlaubers an der zauberhaften Lagunenlandschaft und dem ewigen Grün des Tropenwaldes. Seinen »Fische-Charakter« zeigt das Land besonders in der Reichhaltigkeit der magischen Bräuche. Noch heute sind mehr als die Hälfte der Bewohner Anhänger animistischer Kulte! Lomé, die Hauptstadt des Landes, zählt durch ihre herrliche Lage am Meer und dank einer wunderbaren Palmenanlage zu den reizvollsten Städten Westafrikas. Wer hierher kommt, darf zwei Attrak

Warum nicht einmal in den Norden reisen? Ein ebenso romantisches wie auch verträumtes Land ist Schweden. Wie geschaffen für den Fische-Urlauber: die einzigartige Schärenlandschaft um Bohuslän

tionen nicht verpassen: den Grand Marché und den Marché Bé. Auf dem Grand Marché in der Markthalle wird alles feilgeboten, was man sich nur vorstellen kann. Von getrocknetem Fisch über tropische Früchte bis hin zu Medikamenten und Mitbringseln bekommt man hier alles. Interessant ist für Fische vor allem aber der Marché Bé: Hier erhält man einen Einblick in die traditionellen Werte des Landes und bekommt eine Vorstellung von der Wichtigkeit der Magie und des Zaubers. Der Marché Bé ist nämlich ein einzigartiger Fetischmarkt, auf dem man alle möglichen Zaubermittel, Tinkturen und rituellen Utensilien erstehen kann. Kpalimé am Fuße des Togo-Gebirges gilt als das Zentrum des Kunsthandwerks. Wer den Ort besucht, wird auch dort von dem Markt überrascht sein: Hier werden die berühmten, mit Goldfäden durchwirkten prächtigen afrikanischen Stoffe feilgeboten. Übrigens: Von Lomé aus verkehren drei Bahnlinien, die die Hauptstadt mit weiteren wichtigen Städten im Süden und im Landesinneren verbinden. Wer nicht nur Strandferien machen möchte, sollte solch eine Eisenbahnfahrt unternehmen. Vielleicht hinauf zum Nationalpark von Kéran. Sein Tierreservat gehört zu den Hauptattraktionen von Togo. Die reiche Tierwelt und die phantastische Pflanzenvielfalt sind einfach einzigartig und ideal für eine Fotosafari. Beste Reisezeit: November bis Mitte April.

Mauritius

»Zuerst wurde Mauritius erschaffen, danach der Himmel. Und der Himmel war nur die Kopie von Mauritius.« Es war Mark Twain, der vor rund hundert Jahren das irdische Paradies besuchte und derart ins Schwärmen geriet. Wie auch nicht? Das wärmste Meer der Welt, der Indische Ozean, spült hier an die Gestade, deren Sand alleine ein sinnliches Erlebnis ist: Puderzuckerfein rinnt er einem warm und weich durch die Finger. Überall wogen meterhohe Palmen, duften tropische Blüten, rufen fremdartige Vögel. Und dann die Menschen: Schön sind sie, fröhlich, strahlend, hilfsbereit, freundlich. Und friedlich. Die vielen verschiedenen ethnischen und religiösen Gruppen leben alle zufrieden nebeneinander und miteinan-

---

**Glücksorte
für Jupiter in Fische**

*Recife, Rio de Janeiro, Rio Grande,
Sao Paulo (alle vier Brasilien), Salem
(Oregon/USA), Seattle (USA),
Vancouver (Kanada)*

der. Davon zeugt alleine schon das Stadtbild von Port Louis, der geruhsamen Hauptstadt. Christliche Kirchen und islamische Moscheen, chinesische Pagoden und hinduistische Tempel stehen einträchtig nebeneinander, Kreolen, Europäer, Chinesen und Inder bestimmen das farbenfrohe Geschehen auf den Straßen. Ein Muß für jeden Mauritius-Urlauber: der Markt von Port Louis. Was soll man mehr bestaunen? Die schönen Mädchen und Frauen in ihren farbenprächtigen seidenen Saris? Oder die Auslagen der Stände, das Obst und das Gemüse, das in allen erdenklichen Farben und Formen lockt? Etwas außerhalb der ehemaligen Kolonialstadt befindet sich der Casela-Vogelpark. Über 140 Vogelarten aus allen Kontinenten leben hier in einer traumhaft schönen Umgebung. Wer zur Zeit des Maha-Shivatree-Festes auf Mauritius weilt (Februar/März), der sollte einen Ausflug zum Grand Bassin, einem Kratersee etwa 30 Kilometer südlich von Port

»Zuerst wurde Mauritius erschaffen, danach der Himmel«, vermutete Mark Twain, als er vor rund einem Jahrhundert das Paradies im Indischen Ozean besuchte

Louis, fest einplanen. Dann holen ganz in Weiß gekleidete Hindus Wasser aus dem See und vollziehen rituelle Waschungen. Der Vorstellung vom Paradies am nächsten kommt man aber wahrscheinlich in Pamplemousses, in den Königlichen Botanischen Gärten. Fotoapparat nicht vergessen! Nur selten erlebt man so viele verschiedene tropische Gewächse und deren Blütenpracht in einem Garten versammelt. Ebenfalls lohnenswert: ein Tagesausflug zu dem östlich vorgelagerten Inselchen Ile aux Cerfs, einem Eldorado für Wassersport- und Tauchanhänger. Von dort aus bietet sich einem zudem ein herrlicher Blick auf die »Mutterinsel« Mauritius. Beste Reisezeit: Mai bis Oktober.

Agra

In der nordindischen Stadt Agra ist er zu bewundern, der steingewordene Ausdruck innigster Liebe und Verehrung, der Traum aus Marmor und Halbedelsteinen, das immerwährende Märchen: das Tadsch Mahal, eines der schönsten Bauwerke der Erde. Wem könnte der fabelhafte Prachtbau besser gefallen als den träumerischen, sinnlichen und romantischen Fischen? Diesen sanften Wesen, die den Kopf immer ein bißchen in den Wolken tragen und zeitlebens von der ein-

zigen, der großen Liebe träumen? Shah Jahan (1628-1658), der indische Großmogul, setzte seiner großen Liebe dieses Denkmal: seiner als »Perle des Palastes« verehrten Mumtaz Mahal. Sie starb im 17. Ehejahr bei der Geburt des 14. Kindes. Ein Denkmal wollte Jahan erbauen, »wie es die Welt noch nie erblickt hat«. Türkische Ingenieure, persische Kalligraphen und Gartenbaumeister aus Kashmir waren an der Planung des Mausoleums beteiligt. Sie beaufsichtigten 20 000 Arbeiter, die den »zu Stein gewordenen Seufzer« erbauten. Neben Koranschriften, floralen Halbreliefs, Ranken und farbig eingelegten Zickzackbändern schufen die Handwerker mit edelsten Steinen an den Mauern Blüten- und Pflanzenmotive in einer schier unwirklichen überirdischen Pracht. Je nach Tageszeit leuchtet die 59 Meter hohe marmorne Zwiebelkuppel in den verschiedensten Farbnuancen: morgens in einem sanften Blau, um die Tagesmitte in einem strahlenden Weiß, im Abendlicht färbt sie sich rötlich. Sie spiegelt sich in einem künstlichen Kanal wider, der auf das zentrale Portal zuläuft. Man wird nicht müde, dieses Baukunstwerk und seine Gärten zu bewundern. Die letzte Ruhestätte einer geliebten Frau und ihres Gatten. Beste Reisezeit: November bis März.

Das Tadsch
Mahal, eines
der schönsten
Bauwerke der
Erde. Zeichen
einer großen
Liebe, ein »zu
Stein geworde-
ner Seufzer«

Kreta

Der Minotaurus war ein Doppelwesen, das vom Kopf bis zu den Schultern die Gestalt eines Stieres hatte, im übrigen aber einem Menschen glich. Das schreckliche Aussehen des Ungetüms sollte den Augen der Irdischen entrückt werden, und so beauftragte der kretische König Minos den Baumeister Dädalus mit der Erschaffung eines unermeßlichen Labyrinths, in dessen Inneren sich das Gehege des Stiermenschen befand. Laut einer Zinsabsprache mußte Athen dem kretischen König alle neun Jahre sieben Jünglinge und sieben Jungfrauen zusenden. Diese waren fortan die Speise des Minotaurus ... Es gibt wohl nur sehr wenige typische Fische-Geborene, die

Es sind nicht nur die Paläste und Anlagen, die den Besucher an Kreta so reizen. Es sind auch die Klöster, Zitadellen und Kirchen, die Fischerdörfchen und die malerischen Altstädte, die eine Kreta-Reise zu einer Fahrt in das alte Griechenland machen

nicht von kleinauf Sagen und Legenden, Märchen und Erzählungen lieben und sich von ihnen in die Welt der Phantasie entführen lassen. Warum also nicht auch mal in eine Gegend reisen, in der die Wiege so mancher Sage steht? Ich spreche von Kreta, der größten griechischen Insel, deren Bedeutung in der griechischen Sagenwelt auf Schritt und Tritt zu bestaunen ist. Da wurden Anfang unseres Jahrhunderts die Reste des Palastes von Knossos (fünf Kilometer südöstlich von Iraklion, auch Heraklion) entdeckt. Ein monumentales Bauwerk, das eine verwirrende Vielzahl von Räumen, Gängen und Höfen aufweist. Sage und schreibe 800 von 1200 Räumen sind noch erkennbar. Zentrum des gigantischen Palastes war ein

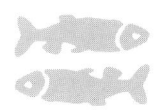

Wer einen Wunsch aufhängt, bekommt ihn erfüllt!

Ein spirituelles Reiseziel ist für viele Japaner (und für mehr und mehr Europäer) der Tempel von Izumo (Japan). Über viele Jahrhunderte hinweg erhielten hier, an dem Ort, an dem heute der Tempel steht, unzählige Besucher plötzlich Eingebungen. Verzweifelte fanden die Lösung ihrer Probleme. Schließlich war man überzeugt, daß hier aufbauende Kräfte wirksam sind – und errichtete einen Tempel, den Taisha-Schrein. Er liegt zwischen dunklen Kiefernalleen und glitzernden Tümpeln, und schon bald zeigte sich, daß der Ort noch viel mehr kann, als Visionen hervorrufen. Hier gehen auch innigste Wünsche in Erfüllung! Priester erwarten die Ratsuchenden und Bittsteller und überreichen jedem gegen eine kleine Spende einen Streifen geweihtes Reispapier. Darauf schreibt man seinen Herzenswunsch oder seine Frage und hängt den Zettel dann in einen der umstehenden heiligen Bäume. Wenn der Wunsch aus tiefster Seele kommt, soll er schon bald in Erfüllung gehen. Laut ausliegenden Statistiken funktioniert es tatsächlich. Am besten übrigens kurz vor Vollmond.

großer Hof, in dem wohl die kultischen Stierspiele stattgefunden haben. Weil die komplette Anlage mehr an ein Labyrinth denn an einen Palast erinnert, vermutet man in ihr den Ursprung der Minotaurus-Sage. Im südlichen Randgebirge der fruchtbaren und saftigen Lassithi-Hochebene findet der Kreta-Reisende die Diktäische Tropfsteinhöhle. Hier soll der Mythologie zufolge der Göttervater Zeus das Licht der Welt erblickt haben. Funde lassen darauf schließen, daß die Höhle ein wichtiger Kultplatz war. In Malia, ebenfalls auf der Hochebene, können weitere minoische Palastanlagen besichtigt werden. Innerhalb des Palastbezirkes steht ein Rundalter (Kernos), von dem die Menschen glaubten, daß

er den Nabel der Welt kennzeichne. Inmitten der wunderbaren subtropischen Mesara-Ebene im Süden der Insel stößt man auf die beiden am schönsten gelegenen Paläste: die von Phaistos. Hier fand man den berühmten Diskus von Phaistos, den man im Archäologischen Museum von Iraklion bestaunen kann. Doch sind es nicht nur die minoischen Paläste und Anlagen, die den Besucher an Kreta so reizen. Neben den vielen Klöstern, Kirchen und den Zitadellen sind es auch die verträumten Fischerdörfchen und die malerischen Altstädte, die eine Kreta-Reise auch automatisch zu einer Reise in das alte Griechenland machen. Beste Reisezeit: April bis Oktober.

Was uns der Jupiter verrät

Aus der folgenden Tabelle können Sie ersehen, wo der Jupiter zum Zeitpunkt Ihrer Geburt stand. Ihr Jupiter-Zeichen gibt unter anderem Aufschluß darüber, wo Sie sich in beruflicher, aber auch in persönlicher Hinsicht wohl fühlen könnten. Die in den einzelnen Kapiteln gesondert aufgeführten Städte, die sogenannten »Glücksorte«, können Reiseziele sein, eignen sich aber auch für einen längeren Aufenthalt – sofern keine starken widrigen Aspekte in Ihrem Horoskop dagegen sprechen. Über diesen Punkt gibt Ihnen Ihr Astrologe sicherlich gerne Auskunft.

Geburtsdatum im Zeitraum	Jupiter im Tierkreiszeichen
01.01.1900 – 19.01.1901	Schütze
20.01.1901 – 06.02.1902	Steinbock
07.02.1902 – 20.02.1903	Wassermann
21.02.1903 – 01.03.1904	Fische
02.03.1904 – 07.03.1905	Widder
08.03.1905 – 09.03.1906	Stier
10.03.1906 – 30.07.1906	Zwillinge
31.07.1906 – 18.08.1907	Krebs
19.08.1907 – 30.09.1908	Löwe
01.10.1908 – 11.10.1909	Jungfrau
12.10.1909 – 11.11.1910	Waage
12.11.1910 – 09.12.1911	Skorpion
10.12.1911 – 02.01.1913	Schütze
03.01.1913 – 21.01.1914	Steinbock
22.01.1914 – 03.02.1915	Wassermann
04.02.1915 – 11.02.1916	Fische
12.02.1916 – 25.06.1916	Widder
26.06.1916 – 26.10.1916	Stier
27.10.1916 – 12.02.1917	Widder
13.02.1917 – 29.06.1917	Stier
30.06.1917 – 12.07.1918	Zwillinge
13.07.1918 – 01.08.1919	Krebs
02.08.1919 – 26.08.1920	Löwe
27.08.1920 – 25.09.1921	Jungfrau
26.09.1921 – 26.10.1922	Waage
27.10.1922 – 24.11.1923	Skorpion
25.11.1923 – 17.12.1924	Schütze
18.12.1924 – 05.01.1926	Steinbock
06.01.1926 – 17.01.l927	Wassermann
18.01.1927 – 05.06.1927	Fische
06.06.1927 – 10.09.1927	Widder
11.09.1927 – 22.01.1928	Fische
23.01.1928 – 03.06.1928	Widder
04.06.1928 – 11.06.1929	Stier
12.06.1929 – 26.06.1930	Zwillinge
27.06.1930 – 17.07.1931	Krebs
18.07.1931 – 11.08.1932	Löwe
12.08.1932 – 10.09.1933	Jungfrau
11.09.1933 – 11.10.1934	Waage
12.10.1934 – 09.11.1935	Skorpion
10.11.1935 – 02.12.1936	Schütze
03.12.1936 – 20.12.1937	Steinbock
21.12.1937 – 14.05.1938	Wassermann
15.05.1938 – 30.07.1938	Fische
31.07.1938 – 29.12.1938	Wassermann
30.12.1938 – 11.05.1939	Fische
12.05.1939 – 30.10.1939	Widder
31.10.1939 – 20.12.1939	Fische
21.12.1939 – 16.05.1940	Widder
17.05.1940 – 26.05.194l	Stier
27.05.1941 – 10.06.1942	Zwillinge
11.06.1942 – 30.06.1943	Krebs
01.07.1943 – 26.07.1944	Löwe
27.07.1944 – 25.08.1945	Jungfrau
26.08.1945 – 25.09.1946	Waage
26.09.1946 – 24.10.1947	Skorpion
25.10.1947 – 15.11.1948	Schütze
16.11.1948 – 12.04.1949	Steinbock
13.04.1949 – 27.06.1949	Wassermann
28.06.1949 – 30.11.1949	Steinbock
01.12.1949 – 15.04.1950	Wassermann

16.04.1950 – 15.09.1950	Fische	12.09.1971 – 06.02.1972	Schütze
16.09.1950 – 02.12.1950	Wassermann	07.02.1972 – 24.07.1972	Steinbock
03.12.1950 – 21.04.1951	Fische	25.07.1972 – 25.09.1972	Schütze
22.04.1951 – 28.04.1952	Widder	26.09.1972 – 23.02.1973	Steinbock
29.04.1952 – 09.05.1953	Stier	24.02.1973 – 08.03.1974	Wassermann
10.05.1953 – 24.05.1954	Zwillinge	09.03.1974 – 18.03.1975	Fische
25.05.1954 – 12.06.1955	Krebs	19.03.1975 – 26.03.1976	Widder
13.06.1955 – 17.11.1955	Löwe	27.03.1976 – 23.08.1976	Stier
18.11.1955 – 18.01.1956	Jungfrau	24.08.1976 – 16.10.1976	Zwillinge
19.01.1956 – 07.07.1956	Löwe	17.10.1976 – 03.04.1977	Stier
08.07.1956 – 13.12.1956	Jungfrau	04.04.1977 – 20.08.1977	Zwillinge
14.12.1956 – 19.02.1957	Waage	21.08.1977 – 30.12.1977	Krebs
20.02.1957 – 06.08.1957	Jungfrau	31.12.1977 – 11. 4.1978	Zwillinge
07.08.1957 – 13.01.1958	Waage	12.04.1978 – 05.09.1978	Krebs
14.01.1958 – 20.03.1958	Skorpion	06.09.1978 – 28.02.1979	Löwe
21.03.1958 – 07.09.1958	Waage	01.03.1979 – 20.04.1979	Krebs
08.09.1958 – 10.02.1959	Skorpion	21.04.1979 – 29.09.1979	Löwe
11.02.1959 – 24.04.1959	Schütze	30.09.1979 – 27.10.1980	Jungfrau
25.04.1959 – 05.10.1959	Skorpion	28.10.1980 – 27.11.1981	Waage
06.10.1959 – 01.03.1960	Schütze	28.11.1981 – 26.12.1982	Skorpion
02.03.1960 – 10.06.1960	Steinbock	27.12.1982 – 19.01.1984	Schütze
11.06.1960 – 25.10.1960	Schütze	20.01.1984 – 06.02.1985	Steinbock
26.10.1960 – 15.03.1961	Steinbock	07.02.1985 – 20.02.1986	Wassermann
16.03.1961 – 12.08.1961	Wassermann	21.02.1986 – 02.03.1987	Fische
13.08.1961 – 04.11.1961	Steinbock	03.03.1987 – 08.03.1988	Widder
05.11.1961 – 25.03.1962	Wassermann	09.03.1988 – 21.07.1988	Stier
26.03.1962 – 04.04.1963	Fische	22.07.1988 – 30.11.1988	Zwillinge
05.04.1963 – 12.04.1964	Widder	01.12.1988 – 11.03.1989	Stier
13.04.1964 – 22.04.1965	Stier	12.03.1989 – 30.07.1989	Zwillinge
23.04.1965 – 21.09.1965	Zwillinge	31.07.1989 – 18.08.1990	Krebs
22.09.1965 – 17.11.1965	Krebs	19.08.1990 – 12.09.1991	Löwe
18.11.1965 – 05.05.1966	Zwillinge	13.09.1991 – 10.10.1992	Jungfrau
06.05.1966 – 27.09.1966	Krebs	11.10.1992 – 10.11.1993	Waage
28.09.1966 – 16.01.1967	Löwe	11.11.1993 – 09.12.1994	Skorpion
17.01.1967 – 23.05.1967	Krebs	10.12.1994 – 03.01.1996	Schütze
24.05.1967 – 19.10.1967	Löwe	04.01.1996 – 21.01.1997	Steinbock
20.10.1967 – 27.02.1968	Jungfrau	22.01.1997 – 04.02.1998	Wassermann
28.02.1968 – 15.06.1968	Löwe	05.02.1998 – 13.02.1999	Fische
16.06.1968 – 15.11.1968	Jungfrau	14.02.1999 – 28.06.1999	Widder
16.11.1968 – 30.03.1969	Waage	29.06.1999 – 23.10.1999	Stier
31.03.1969 – 15.07.1969	Jungfrau	24.10.1999 – 14.02.2000	Widder
16.07.1969 – 16.12.1969	Waage	15.02.2000 – 30.06.2000	Stier
17.12.1969 – 30.04.1970	Skorpion	01.07.2000 – 12.07.2001	Zwillinge
01.05.1970 – 15.08.1970	Waage	13.07.2001 – 01.08.2002	Krebs
16.08.1970 – 14.01.1971	Skorpion	02.08.2002 – 27.08.2003	Löwe
15.01.1971 – 05.06.1971	Schütze	28.08.2003 – 25.09.2004	Jungfrau
06.06.1971 – 11.09.1971	Skorpion	26.09.2004 – 26.10.2005	Waage

Register

Adelaide 58
Agra 120
Agunt 71
Ägypten 35 ff.
Alentejo 97
Algarve 95 ff.
Algerien 67
Algier 67
Allensbach 53
Amazonasgebiet 15
Andalusien 23
Anden 12
Ängelholm 116
Antibes 82
Äolische Inseln 22 f.
Arbon 53
Argentinien 24, 93
Arizona 28 f.
Arles 50
Asunción 24
Atlanta 51, 93
Auckland 111
Australien 12, 32,
  45, 58, 85
Auvergne 109 f.
Avebury 115
Avignon 49
Ayers Rock 12, 45

Bad Schandau 106
Baja California 92 f.
Bali 12, 62 f.
Ballynoe 90
Baltimore 51, 93
Bangkok 77 ff., 85
Barcelona 67
Basel 40
Bastei 106
Belgien 12, 32, 56 ff.
Belize 15, 100 f.
Berlin 40
Bern 40
Bilbao 67
Birnau 53
Boa Island 91
Bochum 40
Bodensee 52 f.
Bogotá 24
Bohuslän 116
Bologna 59 ff.
Bolivien 24, 64 f., 93

Bombay 85, 102,
  108
Bonn 40
Bopfingen 114
Bordeaux 67
Borobodur 107
Boston 51, 93
Brasilien 77, 118
Bregenz 53
Bretagne 67 ff.
Brighton 32, 40
Brisbane 32
Brügge 56 ff.
Brüssel 32
Budapest 32, 40
Buenos Aires 24, 93

Cabo da Roca 96
Cabo San Lucas 93
Camargue 49
Canberra 32
Cannes 32, 40, 83
Caracas 24, 93
Carmel 44
Carnac 67
Cartagena (Spanien)
  24, 93
Casablanca 67
Charleston (West
  Virginia) 51
Chartres 8
Chianti 85
Chicago 77
Chile 24, 93
China 32, 39 ff., 85
Clermont-Ferrand
  109
Colombo 108
Colorado 28 f.
Connecticut 86 ff.
Córdoba 23
Cote d'Azur 82 f.

Dakar 93
Dallas 77
Dänemark 40
Damaskus 40, 77
Danzig 32, 40
Dehli 85, 102
Den Haag 32
Denver 77

Detroit 51, 93
Deutschland 40,
  52 f., 55, 61 f.,
  88 f., 96, 105 f.,
  106 f., 113 f.
Djakarta 32, 85
Dordogne 109 f.
Dresden 40
Durban 67

Edmonton 102
Emìlia-Romagna
  59 ff.
England (siehe Groß-
  Britannien)
Entebbe 67
Epidauros 63
Evora 97

Fairbanks 32
Faro 96
Ferrara 59 ff.
Fès 31 f.
Finnland 58, 108
Flandern 12, 56 ff.
Florenz 53 ff., 85
Florida 102 ff.
Frankreich 8, 12, 32,
  40, 49 ff., 58 ff.,
  65 ff., 67 ff., 82 f.,
  88, 109 f.,
Frauenchiemsee 88 f.
Freiburg 40
Fréjus 82
Fuerteventura 25

Gaiole 85
Gambia 15, 108 f.
Genf 40
Gent 56 ff.
Genua 40
Georgetown
  (Gambia) 109
Georgien 58, 108
Gise 37
Göteborg 116
Gran Canaria 25
Granada 23
Grand Canyon 12
Griechenland 32, 40,
  63, 122 f.

Groß-Britannien 14,
  32, 40, 48, 84, 115
Große Seen 104

Haiti 24
Hamilton 24, 111
Hartford 88
Haukaldalur 94
Havanna 51, 93
Hawaii 26 ff.
Helsinki 58, 108
Hongkong 85
Honolulu 102
Houston 51

Ile aux Cerfs 120
Indien 33 ff., 85,
  102, 108, 120
Indonesien 12, 32,
  62 f., 85, 107
Ipf 114
Iran 40, 58, 108
Irland 14, 90 ff.
Isfahan 58
Island 14, 93 ff.
Israel 23 f.
Italien 14, 22 f., 32,
  40, 53, 59 ff., 85 f.
Izumo 123

Jaipur 34
Japan 58, 81, 123
Java 107
Jodhpur 34
Johannesburg 108
Juan-les-Pins 82
Juffure 108

Kalkutta 85, 102,
  108
Kanada 51, 77, 102,
  118
Kanarische Inseln
  11, 25 f.
Kanton 85
Kapstadt 42, 93
Katmandu 85, 102,
  108
Kenia 77
Kent 14
Kiew 40

Kolumbien 24
Konstanz 53
Kopenhagen 40
Korsika 65 ff.
Kpalimé 118
Kreta 122 f.
Kuala Lumpur 85
Kuba 51, 93

La Paz 24, 64 f., 93
Lahore 85, 108
Lake Erie 104
Lake Huron 104
Lake Michigan 104
Lake Ontario 104
Lake Superior 104
Langenhain 96
Lanzarote 25 f.
Le Havre 40
Le Puy 110
Les Baux 50
Les-Saintes-Maries-
  de-la-Mer 50
Lettland 58, 108
Lienzer Dolomiten
  71
Lima 24, 93
Lindau 53
Linz 40
Liparische Inseln
  22 f.
Lissabon 30 f., 67,
  102
Locmariaquer 67
Loire-Tal 58 ff.
Lomé 117
London 40, 84
Los Angeles 13, 74 f.
Lucca 85
Luxor 11, 35 f.
Lyon 40

Madras 85, 108
Madrid 69 ff.
Mainau 53
Maine 86 ff.
Malaysia 85
Malchow 105
Malibu 74
Mallorca 79 f.
Mandelieu 82

Manila 32, 85
Marblehead 87
Marokko 31 f., 67
Marrakesch 11, 31 f.
Maskat 58
Massachusetts 86 ff.
Mauritius 15, 118 ff.
Mecklenburger Seen
  105 f.
Meersburg 53
Mekka 58
Melbourne 32, 58
Menton 82
Mexiko 51, 92 f.,
  101 f.
Miami 93, 102
Mirow 105
Mississippi-Delta 15
Mòdena 60
Monaco 83
Mont Saint-Michel
  69
Montalcino 86
Monterey-Halbinsel
  43 f.
Montevideo 24
Monument Valley 11
Moskau 108
Mount Desert Island
  87
Münsterland 61 f.
Müritz 105 f.

Nagoya 81
Nairobi 77
Namibia 67, 102
Nancy 32
Nantes 32
Neapel 40
Negev 24
Nepal 85, 102, 108
Nerja 23
Neu-England 86 ff.
Neuseeland 110 ff.
Nevada 28 f.
New Hampshire
  86 ff.
New Mexico 28 f.
New Orleans 15,
  112 f.
New Port 87

Niagara-Fälle 104
Niederlande 40
Nimes 50
Nizza 82 f.
Nordirland 90 ff.
Nördlinger Ries 114
Norfolk (Virginia) 51

Oklahoma City 77
Öland 116
Oman 58
Orange 49
Orlando 103
Osaka 58
Österreich 12, 40,
  51 f., 71
Ottawa 51
Oxford 84

Palermo 40
Palm Beach 102
Palma de Mallorca
  13, 79 f.
Pamplemousses 120
Panama 24, 93
Paraguay 24
Paris 88
Parma 59 ff.
Peking 32, 40 f.
Perth 32, 85
Peru 24, 93
Pfänder 53
Philippinen 32, 85
Phoenix 77
Piacenza 59 ff.
Pisa 85
Polen 32, 40
Port Louis 119
Port-au-Prince 24
Porto 67
Portugal 30 f., 67,
  95 ff., 102
Prag 40
Provence 12, 49 ff.

Quebec 77

Radolfszell 53
Rajasthan 33 ff.
Rathen 106
Recife 77, 118

Reichenau 53
Reims 40
Reykjavik 94
Rhode Island 86 ff.
Riga 58, 108
Rio de Janeiro 118
Rio Grande 108
Rocamadour 110
Rom 32
Ronda 23
Rußland 108

Saarbrücken 32
Sächsische Schweiz
  106 f.
Saigon 32
Saint-Honorat 83
Salem (Bodensee)
  53
Salem (Oregon) 88,
  102, 108
Saloniki 32, 40
Salzburg 51 f.
Salzburger Land 12,
  51 f.
San Francisco 102
San Gimignano 85 f.
Santa Fe 77
Santa Rosalia 93
Santiago de Chile
  24, 93
Sao Paulo 108
Saudi-Arabien 58
Schwäbische Alb
  113 f.
Schweden 15, 108,
  116 f.
Schweiz 40
Seattle 102, 108
Sedona 29
Senegal 93
Seoul 58
Sevilla 23, 67
Shanghai 85
Siena 85
Sierra de Sintra 96
Sierra Nevada 23
Singapur 75 ff.
Smaland 116
Snaefellsnes 95
Souillac 110

Spanien 11, 13, 23, 24, 25 f., 67, 69 ff., 79 f., 93
Sri Lanka 108
Srinagar 108
St-Rémy-de-Provence 50
St. Augustine 103
St. Gilles 50
St. Kitts 38 f.
St. Louis 77
St. Petersburg 108
Stockholm 108
Stonehenge 115
Stöng 94
Stratford-upon-Avon 84
Sturbridge 88
Südafrika 42, 67, 93, 108
Südkorea 58

Sydney 32
Syrien 40, 77

Täbris 40, 58
Taipeh 85
Taiwan 85
Tarascon 50
Teheran 108
Teneriffa 25
Teutoburger Wald 55
Thailand 77 ff., 85
Thingvellir 95
Thonburi 77
Tiflis 58, 108
Titicacasee 64 f.
Togo 117 f.
Tokio 58
Toskana 14, 85 f.
Totes Meer 23 f.
Trondheim 108
Tschechien 40

Überlingen 53
Udaipur 34
Uganda 67
Ukraine 40
Ungarn 32, 40
Uruguay 24
USA 11 ff., 26 f., 28 f., 32, 43 f., 51, 74 f., 77, 93, 102, 186 ff., 102 ff., 112 f., 118
Utah 28 f.
Utrecht 40

Valencia 67
Vallauris 82
Valparaíso 24, 93
Vancouver 102, 108
Vence 82
Venezuela 24, 93
Veracruz 51

Vereinigte Staaten (siehe USA)
Vermont 86 ff.
Vietnam 32

Wales 48 f.
Waren 105
Warschau 40
Washington D.C. 51
Wehlen 106
White Island 91
Wien 40
Windhuk 67, 102
Winnipeg 77
Wuhan 39 f.

Xian 40 f.

Yangzi 39 f.
Yucatán 101 f.

Impressum

Autorin: Claudia Graf
Redaktionsleitung: Halina Heitz
Redaktion: Kirsten Sonntag, München
Buchgestaltung: Martin Strohkendl, München
Umschlaggestaltung: Eva Wenger, München

Der Mosaik Verlag ist ein Unternehmen der Verlagsgruppe Bertelsmann

© 1996 Mosaik Verlag GmbH, München / 5 4 3 2 1

Reproduktionen: Arthilitho, Trento
Satz: All-Star-Type Hilse, München
Druck und Bindung: Alcione, Trento
Printed in Italy
ISBN 3-576-10623-5

Zuschriften an die Autorin über:
Mosaik Verlag GmbH
Postfach 80 03 60
81664 München

Bildnachweis

Motive der doppelseitigen Kapitelaufmacher:
Seite 20/21: Bryce Canyon, Utah, USA
Seite 46/47: Landschaft in Wales, Großbritannien
Seite 72/73: Skyline von Singapur
Seite 98/99: Niagara-Fälle, Kanada

Umschlagfotografien: IFA-Bilderteam (Himmel mit Wolken); Tony Stone Bilderwelten (Pyramide von Chichén-Itzá)

Bavaria: 39
IFA-Bilderteam: 2/3, 4/5, 7, 11, 12, 14, 20/21, 22, 23, 24, 25, 27, 28, 30, 31, 33, 35, 36, 41, 43, 44, 45, 46/47, 49, 50, 53, 54, 57, 59, 60, 61, 62, 65, 66, 70, 72/73, 75, 78, 79, 81, 83, 84, 86, 87, 89, 91, 94, 97, 98/99, 101, 103, 105, 106, 107, 109, 111, 113, 114, 115, 117, 119, 122
Kiedrowski: 13, 51, 68, 76, 92, 104
Schneider: 121